NINA GEORGE

VERLIEBT IN HAMBURG

EIN STADTVERFÜHRER

QUADRIGA

MIX
Papier aus verantwortungsvollen Quellen
FSC www.fsc.org
FSC® C006701

Dieser Titel ist auch als E-Book erschienen

Quadriga Verlag, Berlin,
in der Bastei Lübbe GmbH & Co. KG

Originalausgabe

Umschlaggestaltung: Christina Krutz Design, Biebesheim
Umschlagmotive: © iStockphoto/Sabine Bracker,
© Shutterstock/Skocko
Layout und Satz: Christina Krutz Design, Biebesheim
Gesetzt aus der Adobe Garamond Pro und Interstate
Druck und Einband: CPI – Ebner & Spiegel, Ulm

Printed in Germany
ISBN 978-3-86995-024-2

1 3 5 4 2

Sie finden uns im Internet unter:
www.quadrigaverlag.de

*Hamburg mag für andere nur das Tor zur
Welt sein – für mich ist sie die Welt. Ich verliebte mich
in deinen Duft – Salz, Benzin, Kaffee, süffig
süß nach Franzbrötchen. Du riechst nach Aufbruch, nach
Zukunft. Oh, und wie du aussiehst, wenn du so
tust, als ob du schläfst! Du bist eine Sterneninsel, irgendwo
ist immer einer wach, niemand allein in Schlaflosigkeit.
Der Wind, der spielt und vorantreibt und kraftvoll atmet.
Deine Wasser, auf die ich schaute und mich
ganz fühlte. Komplett. Die unfassbare Weite deines
Himmels, in jeder Minute anders und
der nichts Geducktes hat.*

*Eine Stadt kann doch nur so einzig
sein wie die Menschen, die in ihr leben und
sie täglich neu erfinden.*

IMMER WIEDER ERSTMALIG

Nie wieder sieht man eine Stadt so wie beim ersten Mal. Mein erster Eindruck von Hamburg war ein kindlicher, alles erschien so groß – die Bögen der Elbbrücken, der Abstand zwischen Himmel und Wasser; der Weg vom Hammer Hof mit der U-Bahn »in die Stadt«. Die Menschen. »Groß-Städter«. Großmütig verziehen sie mir die aufgeregte Neugier, großherzig deuteten sie auf alles, was ich sehen musste. Die Liste von Hamburgern für Touristen 1985 ging so: Pöseldorf (wegen Jil Sander), Hanse-Viertel, Elbchaussee, Hafen, Alsterfahrt, Ohlsdorfer Friedhof, Isemarkt, Literaturhaus (wegen des Frühstücks). Ich sah mir alles an. Herzklopfen im Mund. »Wenn ich groß bin, werde ich Hamburgerin«, informierte ich im Anschluss die Eltern.

Dreiundzwanzig Jahre später will ich noch einmal mit unwissenden, überfließenden Augen sein. Was werden mir Hamburger diesmal zeigen? Angetan mit einem renitenten Falkplan spiele ich Tourist im eigenen Land, und – »Verzeihen Sie, hallo, ich mache Urlaub in Hamburg, was sollte ich mir ansehen?« – »Ach, Deern, wo soll man da anfangen!«, seufzt der Barkassenfahrer. »Geh in die Hafencity, das ist zwar nicht ganz Hamburg, aber das, was draus werden soll.« Ich halte an der berühmtesten Baustelle zwei Bauarbeiter auf. Nach kurzem Palaver tragen sie mir auf, ins Altonaer

Theater zu gehen, Schaschlik bei *Schorsch* am Grünen Jäger zu essen und das Karoviertel zu besuchen: »So 'ne Dame will bestimmt in Boutiquen Urlaub machen, nech?« Der Mann hat Ahnung von Frauen.

Im Verlauf des Tages offenbarte ein jeder Gefragte, im Gegensatz zu 1985, ein anderes als das von Reiseführern durchdeklinierte Hamburg: nämlich seins. Eine gefühlte Stadt, mit der das örtliche Marketing wenig anfangen kann. Ich erfuhr, wo es die typischsten Kellner gibt (Bodega *Nagel*) und dass St. Jacobi eine Pilgerkirche ist. Mir wurde die engelhafte Ruhe im Café des Völkerkundemuseums ans Herz gelegt, der Blick vom Steg unter der Lombardsbrücke, die Treppenhäuser im Kontorviertel, der »Bergziege«-Bus in Blankenese, die komplett schwarze Bar *Zoë 3*. »Heiraten Sie einen Hamburger, dann können Sie hierherziehen«, riet mir eine Punkerin am Millerntor (diesen Tipp verschwieg ich meinem Mann).

Am Ende des Tages wischte ich mir die Augen; es könnten kindliche Tränen gewesen sein – oder doch nur der Wind?

NEU HIER?

Ich bin ein Quiddje. Eine Hamburgerin aus Überzeugung, weder gebürtig noch geboren (Hanseaten kennen da sehr feine Unterschiede). Aber ich habe gelernt: 1. Gehen oder parken Sie nicht auf Radwegen, wenn Ihnen Ihr Leben und der Scheibenwischer lieb sind. 2. Fahren Sie nicht mit dem Wagen zur *Strandperle.* Sie werden ab 19 Grad Celsius keinen Parkplatz finden. Nehmen Sie das Klappfahrrad. 3. Reservieren Sie für das Sonntagsfrühstück im Literaturhaus vor, sonst werden Sie barsch hinausgewedelt. 4. Stellen Sie sich beim Bäcker von rechts an, auch wenn links mehr Platz ist. 5. Wenn Sie am Sonntag ab Teufelsbrück spazieren gehen, treffen Sie ungefähr eine halbe Million Flaneure, die das auch vorhaben. 6. Bestellen Sie im *Silbersack* keinen Latte macchiato oder andere Bubigetränke, sondern Astra. Auch um elf Uhr vormittags. 7. Der Hamburger pendelt im Powertempo. Rolltreppenregel: Rechts stehen, links gehen. 8. Single? Essen Sie in der Uni-Mensa! Günstig, gut, jede Menge unverlebte Gesichter. 9. Deutschland guckt *Tagesschau*, Hamburg *Hamburg Journal* – täglich um 19.30 Uhr auf N3. 10. Wir haben nichts gegen Berlin. Überhaupt nichts. Nettes Dorf so weit. Aber Bremen! Outen Sie sich nicht als Werder-Fan. 11. Spielen Sie Fußball auf der Moorweide und üben Sie danach das eindaumige Öffnen der Ploppverschlüsse am Flens. 12. Hier fragt man nicht: Was machst du? Sondern: Wo wohnst du? Natürlich schließen wir nicht von der Adresse auf den Charakter, bewahre! 13. Tragen Sie einen Schal. Immer. Der Wind schenkt Halsfreien eine Willkommens-Bronchitis. 14. Ärgern Sie sich nicht über Lasch-Obst im Supermarkt. Wir haben hundert Wochenmärkte, auf denen wir wirklich einkaufen. 15. Sie gehen nicht auf die Reeperbahn und nicht auf Pauli, sondern auf den Kiez. 16. Wobei die Reeperbahn für Touris ist, Hamburger Berg, Schanze sowie Ottensen für Hamburger. 17. Für den Fischmarkt steht man nicht auf, man *bleibt* auf. 18. Auf einen Dank antworten Sie mit »Da nich für« oder »Dafür nich« und tun unbeteiligt. 19. Es regnet hier *nicht* dauernd. Wer das behauptet, ist von woanders wech. 20. Wenn Sie jemanden gern mögen, dürfen Sie »Schietbüdel« zu ihm sagen. 21. Kaufmannsehre: Wenn ein Hamburger seine Großmutter zum Verkauf anbietet, liefert er auch. 22. Von wegen, alle sssteif: Untypisch hamburgisch zu sein ist wohl das Typischste in dieser wundervollen Stadt.

DAS SCHWEIGEN DER PENDLER

Es ist laut morgens in Hamburg; doch unter der Stadt fährt das Schweigen. Hunderttausende Lippen bleiben verschlossen. Gesichter, denen noch der Traum der Nacht anzusehen ist, neben jenen, die nicht mehr wagen zu träumen. Blicke, die sich an der vorbeihuschenden Schwärze der Tunnelwände festhalten und sehen, ohne zu sehen. Menschen, allein unter allen, jeder. Doch vereint in einer Wiege aus Stille, im Schweigen der Pendler. Während die

Räder rollen, die Waggontüren zischend atmen, ist jeder anonym. Endlich anonym. Mit Fremden zu schweigen eine Mutprobe für die Seele; wie viel eigene Gedanken vermag sie zu ertragen, ohne zwanghaft um den Beweis ihrer Existenz bemüht ins Handy zu sabbeln? Ich sammle Schweigen. Schweigen ist das lauteste Urteil. Es gibt verlegenes, einvernehmliches, bösartiges, strafendes und heiteres; es gibt das Schweigen des Publikums auf einen misslungenen Witz und jenes, wo das Auditorium nicht weiß, ob es laut lachen darf. Es gibt das feige Schweigen der Krötenschlucker und der »Ich melde mich«-Lügner; das empörte kurz vor dem Zornesschrei des freien Bürgers, der die Faxen dicke hat; das gefräßige am Tisch des Brautpaars und das Schweigen eines Schlafzimmers ohne Liebende; das faule Schweigen der Mitläufer, das demutsvolle in der Mitte einer Gedenkminute oder das nach der Frage: »Liebst du mich noch?«

Das Schweigen unter unserer Stadt am Morgen ist greifbar wie ein schlafwarmes Kissen. Es ist intim, es erzählt, wie Hamburg sich fühlt. Ob sie müde ist. Ungeduldig. Ob sie Wut im Bauch hat, oder Schmetterlinge. Manchmal verändert sich das Schweigen innerhalb weniger Stationen; osmotisch gleitet die Stimmung eines ganzes Stadtviertels in den Waggon, so mancher wehrt sich mit Kopfhörern gegen die beredte Stille.

Manchmal möchte ich jenen, die in ihren klimatisierten Chefzimmern sitzen, in die sie mit klimatisierten Aufzügen aus dem klimatisierten Auto gekommen sind, eine tägliche ungefilterte Pendlertour verordnen. Auf dass sie sehen und fühlen, wen sie zu regieren meinen. Es ist dieser schweigende Strom des Untergrunds, der den Puls der Stadt freilegt wie ein offenes Herz. Schweigen lügt nie, man muss es nur hören wollen.

DAS KLEINE WER-WO-WAS

Berlin ist eine »Wer«-Stadt, München eine »Was«-Stadt, und Hamburg tendiert eher zum »Wo«. Wie?

Während man sich an der Isar gegenseitig mit einem »Was machst du so?« zu taxieren pflegt und vom Beruf auf die Persönlichkeit schließt, fragt der Hauptstädter einfach »Wer bist denn du?«, um jedem die Möglichkeit zu geben, sich so darzustellen, wie er ist. Oder sein möchte. Wohingegen das Hamburger »Wo wohnst du?« um einiges eleganter erscheint, wenn es darum geht, den anderen einzuschätzen – wobei wir alle voller kleiner Vorurteile sind, die sich festgetreten haben wie Kaugummi unterm Absatz, wenn es um die Kieze unserer Elbdiva geht. Eppendorf oder Barmbek, Isestraße oder Bergedorf, Schanze oder bald Hafencity: In keiner anderen Stadt sammeln sich so viele Gleichgesinnte (gleich welchen Sinns) in jeweils »ihrem« Viertel.

Jeder Hamburger verbindet mit seinem Kiez mehr als nur Status, und zwar selbst gewählte Nachbarschaft, Geborgenheit – mal Strandung, mal Zwischenstation. Sag mir, wo du wohnst, und ich ahne, wen und was du fürs Leben suchst.

Die andere »Wo«-Frage ist allerdings die für Verliebte interessantere: »Wo wollen wir uns treffen?« Vor allem, wenn es das erste Rendezvous ist.

Die Wahl der Bühne für das Premierendate kann sich je nach persönlicher »Wo«-Manie zu einem mittelschweren Knoten im Kopf auswachsen: Wenn ich ihm nun mein Lieblingscafé zeige und er mag es nicht, weil der Kellner wieder seine Liebeskummer-Melancholie an den Gästen auslässt … Wenn wir aber ins Edelrestaurant gehen, denkt er vielleicht, ich hätte generell was gegen Leberwurstbrot … Vielleicht doch an die Alster, aber kann ich da meine neuen Pumps ausführen?! Wo ist der Ort, der intim und belebend ist; angesagt, aber nicht mit stylishen Neurotikern befallen; freundlich, aber nicht teuer; nicht laut, aber auch nicht so leise, dass man ständig gerade sitzen muss?

Hamburg ist »Wo«-City: Schließlich könnte die Wahl des Lokals etwas über mich verraten, wovon ich gar nicht weiß, ob ich es überhaupt bin … So schwankt das Herz zwischen *Schmilinsky* und *Goldfisch*, *Anleger 1870* und *Bodo's Bootssteg*, dem *East* und dem *Silbersack*, der Schanze und dem *Jacobs*. Um letztlich an der *Strandperle* zu landen und festzustellen: Es ist nicht das »Wo«, das zählt. Sondern ob sich jeder Ort mit dem Gegenüber richtig anfühlen würde.

SO KLINGT DIE NACHT

Da liegst du, schlafende Schöne. Aber du tust nur so, als ob du leise träumst; deine Nacht ist kein stilles Meer. Ich höre deine Geister rennen, weit öffne ich die Fenster. Du bist im Kleid der Dunkelheit eine andere als im weißen Licht. Du glänzt. Du verrätst Geheimnisse. Aus den trutzigen Schatten quillt der Hamburg-Sound by night. Du singst ein Lied, unhörbar für die Schlafenden, unhörbar bei Tag – da lässt du uns das Plappern und das Protzen, das Bremsen und das Hupen, wir leben uns die Herzen taub.

Nach Mitternacht hält der Himmel uns Mund und Augen zu. Jetzt lässt du winzige leuchtende Feen auf der Alster tanzen, man kann sie auf den Wellen steppen hören, wenn man die Luft anhält. Kobolde glucksen kichernd in den Fleeten, wenn Flut und Ebbe sich küssen, und turnen an den Brücken der Speicherstadt, die knirschen dann und atmen hörbar aus. Auf den Straßen fahren Taxis wie Liebesboten um die Wette, Gullydeckel klatschen dumpfen Beifall, aus manchen Türen, zwischen dem Heben und Senken eines Lids, schwappt das Lachen und Messerschaben auf Porzellan. Noch ein Fetzen Musik, ein halber Satz, ein Astra funzt zischend auf, um diese Uhrzeit werden stets alle Weltprobleme gelöst. Über allem liegt ein sanftes Rauschen, dein Herzschlag – er kommt von Süden, dort, wo der Hafen niemals schweigt. Der Wind fährt in die Blätter und erzählt von seinen Reisen, ein Martinshorn spaltet die Bedächtigkeit der Straßenleere, auf den Gleisen schnurrt radeng-radeng, radeng-radeng das Fernweh den Zügen voraus. Über Planten un Blomen schwebt der Takt von Tanzmusik, rotgezogene Münder reden in den *Schönen Aussichten* von der Sehnsucht, ohne sie zu nennen. Dann und wann bremst seufzend ein Überlänge-Lkw, die Ampeln klicken strebsam, in den Nachtbussen hört man afrikanisches Französisch und denkt an die Arbeit der Männer im Schatten.

Am stillsten ist deine Sonntagnacht, meine Königin. Keine Liebesklagen, kein später Stöckelschuh auf dem Asphalt, der Einsamkeit im Gleichschritt schreit, und keiner, den der Ruf »Zurückbleiben, bitte!« im U-Bahn-Untergrund betrifft.

Dann hört man nur sich selbst. Doch das Ungesagte, Unbedachte, Unerhörte löst sich leise auf, wenn die Nacht verfällt.

WIE RIECHT HAMBURG?

Pudrig süß, etwas grell und mit einem Hauch von Limette und Rum: St. Pauli um Mitternacht. Frisch gemahlener Kaffee, in der Pfanne geröstetes Brot, Sonnenschein, der auf wassernasse Steine trifft: die Speicherstadt bei Westwind. Lieblich, intensiv und der Duft von Heiterkeit, die nur dann entsteht, wenn kein drängender Zeitdruck den Tag entstellt: Planten un Blomen, Apothekergarten, bei Sonnenuntergang.

Ganz Hamburg ist ein Parfüm. Würde man es auf Flaschen ziehen und in die Welt verkaufen, würden sich Menschen in diese Stadt verlieben, ohne sie je gesehen zu haben. Sie würden sich Parfüms aus der Kollektion »Hamburg Nr. 1« aufsprühen, die den Charakter der Stadtteile offenbaren: Bei »Waterfront« eine Meeresbrise, die den Geruch von Sehnsucht, geriebenen Muscheln und Glück vor sich hertreibt; der kürzeste Weg zum Himmel. Ein Spritzer »Eau de la Chance« würde nach mediterranen Kräutern duften und nach Milchkaffee, gemixt mit der Dynamik des Schanzenviertels, als ob die Kulturen der Welt nebeneinander Platz genommen hätten. Ein »Avenue Virgin« wäre der sinnliche Duft für die flanierende Diva, »Lombard Bridge« die Kreation für den sportlichen Kaufmann in Segelschuhen, »L'eau d'Ise« röche so exotisch und appetitlich wie die Waren des Isemarktes, »Joli Jardin« würde den verführerischen, zärtlichen Geruch unserer Parks einfangen.

Werte Hamburger Parfümhersteller, Ihre Mission ist nicht unmöglich! Was die Duftkreateurin Laurice Rahmé für New York getan hat, nämlich dreißig Düfte zu entwickeln, die die Eigenheiten New Yorker Viertel riechbar machen (von »Chinatown« über »Wall Street« bis zu »Broadway Nite«) – das können Sie auch. Was spricht gegen ein Alster(duft)wasser, das die Seele Hamburgs in seiner Herznote offenbart? Hier ein paar Zutaten: Fernweh und Zuhause. Wasser und Lebenssüße. Geborgenheit und Freiheit, Verlässlichkeit und Liberalität, ein bisschen Grandseigneur, ein bisschen sexy Deern. Balkonblume und Grillabend, Kirschblüten und Zeitungspapier, Kaffee, Kinderlachen, Franzbrötchen und vom Morgenregen geklärte Luft über den Alsterwiesen.

Ja. So riecht Hamburg.

HAUPTSTADT DER UNTERTREIBUNG

Wenn Sie mal einen Hanseaten ärgern wollen – loben Sie ihn. Ganz gleich, ob Sie etwas Nettes über seinen Kleidungsstil, seine berufliche Leistung, seine Besserwisserei (meist weiß er es tatsächlich besser) oder seine Stadt sagen: Er wird Sie verdächtig finden und auch ein bisschen lächerlich. Denn meine Lieblingssorte Mensch (ich schätze die Ur-Hamburger; sie haben etwas Väterliches an sich, eine verlässliche Mischung aus stockgeradem, pragmatischem, unselbstverliebtem Räucherbrikett Helmut Schmidt, Edelreitstall-Barbourjacke und regierungskritischem Gemeinschaftssinn) fühlt sich zutiefst unbehaglich, wenn jemand von ihm, seiner Stadt und ihren Einzigartigkeiten schwärmt! Mit Verlaub: Igitt! Nichts ist dem Hanseaten so unangenehm wie Leute, die jedem Lob nachgläunen, die mit Reichtum, Geist oder Leistung protzen oder gar mehr als drei Tuchfarben auf einmal am Körper tragen.

Während im Rest der Republik das Credo lautet: Tue Gutes und rede ständig, ausschweifend und mit Heißluft-PR-Geklingel darüber, so heißt es in Hamburg: Sei der Beste, tue das Richtige, spende viel Geld und verdiene reichlich – aber zeig es auf keinen Fall! Und unterbrich Dankeshymnen mit einem geknurrten »Da nich für«.

Genauso wenig, wie ein Hamburger ein Markenlabel außen auf der Kleidung trägt (Eingeweihte sehen so oder so, ob es von *Ladage & Oelke* oder von *Braun* ist), genauso verweigert er sich einer anderen Lebenshaltung als der des Hardcore-Understatements, der maßlos übertriebenen Untertreibung.

Eine Haltung, die das Stadtmarketing regelmäßig verzweifeln lässt: Es würde ja gern mal so richtig auf die Zwölf hauen! Hier eröffnete zum Beispiel das erste Opernhaus Deutschlands (wurde 333 Jahre alt, neulich, 2011. Haben Sie's gemerkt? Nein? Das ist kein Zufall), lockt der längste Freiluftmarkt Europas (Isemarkt, 970 Meter. Steht da ein Schild, das darauf hinweist? Natürlich nicht!), spannen sich die meisten Brücken (fünfmal mehr als in Venedig), spielt Deutschlands größte Sprechbühne (Schauspielhaus) und auch die kleinste (Piccolotheater, Elbchaussee), hier wurden

Radio, Fernsehen, Tierparks, Reportagefotos, der Adventskranz und die Vorname-Sie-Anrede erfunden. Hamburg hat die einzige schwimmende Kirche, die meisten Reiter und Konsulate und weigert sich seit rund 750 Jahren, Orden anzunehmen oder gar zu verleihen. Nein, so was macht der Hanseat nicht; im Untertreiben ist er Weltmeister, *das* ist der einzige Titel, den er mit Stolz trägt. Manchmal hat das etwas vom Schulstreber, dessen unbeugsame Arroganz darin besteht, genau zu wissen, was er kann – und dafür weder Lehrer noch Noten noch Freunde zu brauchen, die ihn bewundern oder loben. Diese Selbstzufriedenheit macht die Hanseaten so herrlich unbestechlich.

Von käuflich reden wir ein andermal.

DIE ZUFÄLLIGE SCHÖNHEIT DER FRAUEN

Ich traf Lauren Bacall hinter dem Tresen des *Hansebäckers* in der Grindelallee. Sie verkaufte mir Kürbiskernbrot und drei Kokos-Berliner. Dann schenkte sie mir etwas, zusammen mit dem Wechselgeld: ein zerbrechliches kleines Lächeln. Sie stand da in ihrem Kittel, das Haar ungemacht wie das Gesicht, und war für Sekunden die schönste Frau der Welt. Sie war schön und scherte sich nicht drum.

Hamburg ist durchsetzt mit diesen unabsichtlich wundervollen Frauen; ob das Apfelmädchen auf dem Wochenmarkt am Spritzenplatz, die Kellnerin der Kneipe *Sonnenseite* in der Weidenallee, die Einweiserin im ersten Stock der Oper, die Service-Maid des *Freischwimmer*: Die schönsten Frauen stehen oft hinter einem Tresen. Sie sind schön, weil sie keine Zeit haben, auf ihre Schönheit zu achten.

Sieht man genau hin, sieht man diese achtlose Anmut in jeder Frau. Manchmal muss man aber aus dem Augenwinkel schauen, sonst fangen wir Damen an zu posieren, den Bauch einzuziehen, den Topsaum zu bezupfen, um möglichst ansehnlich zu sein; dabei ist das sinnlos.

Vielleicht ist es gewagt, zu behaupten, dass wir Frauen gar nicht wissen, wann wir schön sind. Dass Männer sich nicht in die getüftelte Ebenmäßigkeit verlieben, sondern in unabsichtlichen Charme, weitab von Idealfigur und Porzellanteint aus der Tube. Ob in die Telefonstimme direkt nach dem Aufwachen, ob in die Geste, sich das Haar mit dem Handgelenk aus der Stirn zu wischen, ja sogar eine Laufmasche hat schon Männerherzen berührt. Keine Ahnung, wieso, das ist ja das Drama! Zwei Männer werden sich nie aus den gleichen Gründen in dieselbe Frau verlieben, sondern immer etwas anderes an ihr bezaubernd finden. Etwas, was nicht mit Make-up, Diät, einstudierten Bewegungen oder Friseurbesuch herzustellen ist. Etwas, was sich erst offenbart, wenn eine Frau sich selbst nicht nur vortäuscht, sondern wirklich sie selbst ist.

Die Lauren-Bacall-Doppelgängerin hat mir so mehr über Schönheit beigebracht als alle Hochglanzmagazine der Welt: dass sich die individuelle Erlesenheit einer Frau erst in unkopierbarer Unwillkürlichkeit entfaltet, ohne Absicht – wenn wir gerade fast nicht hinsehen.

DIE SINGLE-LEGENDEN DER GROSSSTADT

»Die Singles« – jung, attraktiv, solvent und stets auf dem Sprung nach Mailand, um sich neue Schuhe und Lover zuzulegen – sind eine Mogelpackung. Die Statistik zählt zum Beispiel »Einpersonenhaushalte« zu ihnen. Das gilt für jedes Paar, das getrennt wohnt! Dafür werden Alleinerziehende als Nicht-Singles verbucht. Auch Witwen stocken die von Werbestrategen gestrickte Zielgruppe auf. Und zwar die des »Alpha-Single«, der im Loft wohnt, den Sushi-Service im Telefon auf der Eins programmiert hat und neben der Karriere am Idealgewicht arbeitet. Bevor er sich in den nachtaktiven »Swinging-« und »Panik-Single« verwandelt, auf der Jagd nach erotischem Amüsemang und dem Vater der spät bis nicht geborenen Kinder.

Die einen sind neidisch auf ihre »Freiheit«, die anderen bemitleiden sie, und die meisten wollen ihnen was verkaufen. Den Single-Legenden der Großstadt wird unterstellt, sie wollten sich ständig vergnügen.

Da fällt die Sechsundzwanzigjährige, die mit 13 Euro pro Tag auskommen muss, hinten runter, genau wie der alleinerziehende Vater mit Zeitnot oder die glücklich geschiedene Seniorin, die es vorzieht, mit ihrer Katze zu streiten.

Das kommt davon, wenn man nur Haushalte zählt – aber übersieht, dass Menschen keine homogene Trendherde sind, die sich am Nasenpiercing durch die bunte Welt der Möglichkeiten schleifen lässt. Und dass sie es nicht selten hassen, wenn man sie in die Schublade »Single« stopft: Das sind doch die mit zu viel Freizeit und Liebeshunger, gell?

»Sag Single zu mir, und ich erschlag dich und lass es wie 'nen Unfall aussehen«, zischte neulich Nachbar Fred, als ich ihn für ein Liebesthema interviewen wollte. Auch die von PR-Profis entwickelten »positiv besetzten« Alternativen nahm er nur knurrend zur Kenntnis: OHS, die One Human Show; FLIP, die Free Living Individual Person; oder YATS, der Young Adult Temporary Soloplayer. Fred seufzte. »Ich will keine Zielgruppe sein. Ich will mein Leben.«

Sorry, Fred, das haben sich Wirtschaft und Werbung anders für dich ausgedacht.

KUSCHELPARTYS: ATEMNOT DER SEELE

»Ich habe keinen Körper, wenn er nicht berührt wird; ich habe kein Herz, wenn es nicht liebt, und ich bin nicht wirklich da, wenn es niemanden gibt, der mir einen Platz in seinem Leben einräumt.«

Die Verzweiflung eines unberührten Menschen springt mir aus dem Notizbuch entgegen; der Mensch: bin ich. Vorabend meines zweiunddreißigsten Geburtstags, einer der vergangenen Sommer – oder etwas, was sich dafür hielt. Der Mut des Alkohols ließ mich mir selbst beichten: Ohne Berührung bin ich unsichtbar, eine Blume, die verwelkt; eingesperrt in zurechtgemachter Hülle, innen: menschenleer. Als ob erst eine Umarmung bewiese, existent zu sein.

Eben wollte ich etwas Zynisches schreiben über die Verbreitung von »Kuschelpartys« – so etwas wie Fluchtpole für seelisch Ausgehungerte auf der Suche nach Berührung durch einen wohlwollenden Fremden, wie sie jeden ersten Freitag im Monat beispielsweise in der *Achse* (Karolinenstraße 7) stattfinden. Kein Sex, keine Küsse, kein Entkleiden – nur Kuscheln. Nähe atmen, für einen Moment die Augen schließen und sich vorstellen, dass der Unbekannte dort aus vollem Herzen schweigt; im scheuen, zärtlichen Streicheln erhebt die Sehnsucht nach Ankommen das Wort, besänftigt das vernarbte Gemüt.

Ich wollte mich augenrollend ausschütten über das Paradoxon, in fremden Armen eines Mitkuschlers (wer weiß, wie der riecht?) jene Geborgenheit zu finden, die nur in Vertrautheit wächst. Hatte vor, die organisierte Fass-mich-an-Zeremonie reserviert zu betrachten und sie mit der Intimität des Abtastens an Flughäfen zu vergleichen; wollte fragen, ob der Hunger nach Zweisamkeit durch Rudelknuddeln nicht noch bösartiger wütet, und es darauf schieben, dass jene Pyjama-Feten aus den USA stammen, die uns schon mit sinnfreiem Speed-Dating infiziert haben.

Und dann das: mein eigenes Entsetzen, unberührt gelebt zu haben. Es hält davon ab, mich zu mokieren.

Mag sein, dass Kuschelpartys ein merkwürdiger Ausdruck der Großstadteinsamkeit sind – doch sie verraten, dass die Seele durch den Körper atmet, dass sie andere Hände braucht, um nicht so verdammt einsam mit sich selbst zu sein. Doch ob selbst Zweisame immer wissen, dass sie das Herz des anderen mit ihren Händen hüten?

---------- ♫ ----------

DIE KONTUR DES GLÜCKS

Manchmal stelle ich mir vor, dass Glück etwas ist, was der Seele von innen Kontur verleiht. Es schlüpft in einen hinein, es besitzt genau die Form, in der die Seele zur Wahrheit findet, und füllt zur Gänze mit Ruhe und Hingabe aus. Es ist, als ob man zu Hause sei und trotzdem frei. Und dass es nur darauf ankommt, dies »Etwas« oder den »Jemand« zu finden, um wirklich zu leben.

Mancher findet seine Kontur in einem Menschen. Das sind die großen Lieben, in denen man nur in eine Richtung schaut, in ein Gesicht, und weiß, alles hat einen Sinn. Andere finden die Kontur in einer Musik, in der Kunst; es macht ihnen nichts, dass die Klänge und Kunstwerke alles von ihnen verlangen, sie leben mit den ewig hungrigen Bedingungen, die Kunst an die ihr Verfallenen stellt. Und einige finden die Sättigung ihrer eigentlichen Seele in einem Duft oder wogenden Feldern lila Lavendels.

Meine Kontur ist ein Ton. Wenn der Wind gut steht, wenn die Stadt ruhig geworden ist, so wie jetzt, gedämpft von weißer Stille, treibt er eine Melodie von den südlichen Gewässern zu mir in den Grindel. Es ist das erhabene Rufen der Schiffssirenen. Das tief tönende Locken von Aufbruch, von Abschied, die Elbe hinunter und über das Meer hinaus. Hinaus! Irgendwo dort auf einem hochbäuchigen, gleichmütig-großen Schiff zieht eine Hand an einem Register, ihr Besitzer ahnt nicht, was er anrichtet. Der Ton zerschneidet die Zeit, die sonst immer Siegerin ist, teilt Schwärme von Möwen, die dunkeläugig über den Stadthäuptern wachen, streift andere lauschende Herzen, trifft mich, spaltet mich und verleiht allem Form, was vorher formlos war.

Vielleicht liebe ich deshalb Hamburg mehr als jeden

anderen Ort der Welt; vielleicht ist es Zufall, dass ich das Rufen der Schiffssirenen das erste Mal hier hörte und mich zu Hause und dennoch frei fühlte. Ich folge dem Locken der Laute, es zieht mich ans Wasser, ich muss es sehen, wie es davonfließt, es kommt nie an, es findet seinen Sinn in der Bewegung. Und wer weiß, ob es im Geheimen nicht anderen auch so ergeht – sie flüchten einmal in der Woche ans Wasser, um zu wissen, wer sie sind?

Das mag eine seltsame Liebesgeschichte sein … Doch was wäre Liebe schon, könnte man sie erklären?

EGO- ODER EHEKULTUR?

Die häufigste Frage, die zu meinen Eheabsichten gestellt wurde, war (neben »Bist du schwanger?« und »Rechnet sich das?«): »Wieso?!« Und das in einem Ton, als sei Ehe das absurde Wagnis hilfsbedürftiger Romantiker.

Na toll: Nacht und Tankstelle. Alster und Schwan. Planten un Blomen, Hafen und City, Elbtunnel und Stau: Wurden diese Doppelpacks je gefragt, warum sie als Paar besser funktionieren als allein? Nein, nur der Mensch muss sich ob seines Verlangens rechtfertigen, Teil eines »Wir« sein zu wollen. Ist ja uncool in einer Ich-Gesellschaft, in der das Wahre nur im Eigenen gesucht wird. Aus Panik, sonst das Selbst zu verlieren, absorbiert von der Masse, aufgelöst in der Kompromissanstalt des »Wir«-Begriffs. Ist man schwach, wenn man Gefühlen mehr traut als der Scheidungsstatistik? Oder übermütig, sich auf einen festzulegen, anstatt alle Möglichkeiten zwanghaft zu entdecken?

Als ob eine Ehe stets darin mündet, immer die identischen Gerichte zu bestellen, Partnerlook-Jacken in türkisrosa Ballonseide zu tragen, E-Mail-Adresse und Konto zu teilen, Unisexparfüm zu benutzen, auf Partys aneinander zu kleben, nur noch im »Wir«-Modus zu reden – und sich nach drei Jahren entnervt zu trennen.

Für diese ichverlorene Gleichklangdemonstration muss man ja nicht mal heiraten. Das funktioniert bei jedem Pärchen von nebenan, das den Entschluss zur Zweisamkeit mit derlei bühnenreifem »Wir«-Getue persifliert.

Verzeihung. Sollte eigentlich eine fröhliche Betrachtung über Paarbildung und geniale Duos in Hamburg werden; wie Aal und Suppe, HSV und Uwe, U3-Fahren und In-fremde-Fenster-Gucken. Aber ich bekomme die »Warum heiraten?«-Frage nicht aus dem Kopf; scheint sie mir doch das wachsende Misstrauen gegen beständige Zuneigung in unserer Egokultur auszudrücken. Sind wir eingeschüchtert von der Meldung, jede dritte Ehe hielte nur 3973 Nächte? Der konservativen Politik müde, die den Trauring feiert wie die heilige Kuh? Oder schlicht überfordert, Entscheidungen zur Verbindlichkeit zu treffen, weil nichts unberechenbarer als die Liebe ist? Bitte, die gute Nachricht: Zwei Drittel aller Ehen halten.

Und warum ein Paar heiratet, muss es nicht beantworten. Niemand braucht sich für seine Träume zu rechtfertigen.

HAMBURG, MEINE STRANDPERLE

Der Sand ist warm, und wenn ich stehen bleibe auf meinem Weg durchs Dorf Övelgönne, beißt seine Hitze mich in die Fußsohlen. Ein chinesisches Containerschiff spaltet die Elbe entzwei; erst als es schon vorbei ist, klatschen die Brecher ans Ufer. Kinderkreischen, gleißende Sonne, Glückshormone tanzen wie besoffen. Dann bin ich da. Eine kurze Schlange, rechts bestellen, links abholen. Das Wiener Würstchen spritzt saftig auf, die Schorle schmeckt kälter als kalt. Sommer, Strand, alles ist gut. Das hier ist ein Alles-ist-gut-Platz.

Die Metallrahmenstühle im milden Schatten sind rar an der *Strandperle*, Hamburgs liebstem Kiosk seit 1973. Das Wetter diktiert ihre Öffnungszeiten, an zweihundert Tagen im Jahr; in der restlichen Zeit rütteln Winterstürme an den Flaggdrähten des Fahnenmastes, treiben Sandhexen gegen die schlichten Mauern des Imbisses. Manchmal wird am Wochenende aufgemacht; der Hamburger liebt es, in Decken gehüllt an der frischen Kaltluft zu sitzen. Wie oft Freundin Elbe morgens auf der Terrasse und im Verkaufsraum stand, nur mit guten Worten und stabilen Fegern überredet werden konnte, sich zurückzuziehen? Die vorletzten Betreiber, Ex-Hapag-Steward Bernt und Elke Seyfert, haben es nicht gezählt; es war häufig in den fünfunddreißig Jahren; deswegen haben sie nie mit Tüll und Holz dekoriert. Und doch wurde und wird die schlichte Schönheit geliebt, wie es bei Perlen in Hamburg üblich ist: In den Siebzigern war die *Strandperle* wie Sylt in den Fünfzigern oder die Toskana in den Sechzigern. Wunderschön gelegen, eigen und touristisch unverdorben. Ein Rentnertreff und Feierabendklappe für Lotsen, es wurde Harmonika und Schifferklavier gespielt, Lieder wurden gesungen. Davor trafen sich die Bootsmänner schon in *Lührs Gaststätte*, bei Eva und Max, die nach Kriegsende die ehemalige *Altonaer Milchhalle* übernommen hatten. Dort wurde seit 1912 im Badekleid geschwommen, flaniert und der quasi erste Beach Club der Stadt eingeweiht. 2012: Hundert Jahre Beach-Club-Tradition, das gilt es doch zu feiern – oder?

Die Feiern in der *Strandperle* sind legendär; die zu einem Jubiläum des Ortes oder die ganz kleinen, stillen, inneren Festmärsche. Weil gerade alles stimmt, die Musik, das rostrotorange Rosalicht über der wahren »Hafen-Stadt«, dem Containerterminal mit seinen Kränen, das Lachen von Freundin Elbe. Es ist ein Alles-ist-gut-Platz, und er besitzt eine Romantik, die sich auch allein ertragen lässt; ja, es lässt sich dort gut schweigen. Und schauen. Und sein. Es ist, als ob hier jeder endlich gleich ist. Weil nur die kommen, die alle dasselbe suchen – und finden?

IMMERFERIENSCHÖN

Wie du jetzt bist, Hamburg, mit deiner Sommerseele, will ich die Zeiger aller Uhren abreißen, damit die Zeit uns nichts mehr anhaben kann. Immer sollst du so sein, immerferienschön. Alles Leben ist auf die Straßen, in die Parks und Höfe geräumt; die Tische und das Lachen, die Musik und das Brot. Nachbarn, die sich zehn Monate im Jahr nicht mal ansehen auf den selbst gewischten Treppen, stecken sich mit Lachfalten an und tauschen Würstchensenf von Balkon zu Balkon. Die Freunde in den Speckgürteln bekommen endlich Gartenbesuch. Es gibt kein Drinnen und kein Draußen mehr. Aus den »anderen Leuten« werden Menschen. Sie streifen die Schuhe ab und trinken barfuß rosa Wein, rücken auf Bänken zusammen, um Fremden Platz zu machen, die Fremden sind sich ein Lächeln später schon vertraut.

»Es ist ein Kindersommer«, sagt eine vor dem Bistro *Tati*, sie spricht vorsichtig, wie in einen Traum hinein erwacht.

Ihr Begleiter zieht aus einem Winkel seines Herzens den Satz: »Das Leben ist auch ganz unliniert.« Sie schaut ihn draußen an wie sonst nur drinnen, die Bellealliancestraße wird zum Montmartre; wieso eigentlich wegfahren, wenn Hamburg feriensüße Liebe spricht?

Es gibt kein Oben und kein Unten mehr. Auf den Bordsteinkanten in der Schanze – am Schulterblatt und Beim

Grünen Jäger – sitzt Rothenbaum-Reiterlook neben Steilshooper Grübchen, der Berber neben dem Werber, und aus dem Hackenporsche des bärtigen Vagabunden klirrt Pink Floyds »Money«-Freibadstimmung. Alle sind sich einig, dass man nicht auf Glückskäfer treten sollte, auch wenn sie eine Plage genannt werden. Alle atmen Luft, die warm ist wie ein Teeglas. Wieso eigentlich Geld ausgeben, um mal was zu erleben, wieso nicht nur auf die Straße gehen, um zu leben? Es gibt kein Sollen und kein Müssen mehr. Es ist die Zeit der Erforschung, wie Menschen sein können, wenn es überall Parkplätze gibt und sie unter blaugoldenem Himmel essen, der Sommer in ihre Herzen kriecht und sie Ferien vom linierten Leben machen.

Immer sollst du so sein, Hamburg, so immerferienschön. Doch es wird letzte Tage dieses Sommers geben, und wir werden danach von einer tröstenden Wärme in dieser Stadt sprechen, aber nicht das Wetter meinen.

ORTSTERMIN FÜR JA-SAGER

So. Der schönste Tag im Leben einer Frau soll also die Hochzeit sein. Mal abgesehen davon, was wohl der schönste Tag im Leben des Mannes ist (Heimsieg? Namenstag? Sonntag?), bedeutet das Gerücht erst mal Stress. Gerade erholt vom wohligen Schock des Antrags, sieht sich das Paar konfrontiert mit irrationalen Ängsten, geboren aus der Messlatte »schönster Tag«: Hat die Farbe der Tischkarten wirklich keinen Einfluss auf die Dauer der Ehe? Welche Freundin ist beleidigt, wenn sie nicht Trauzeugin wird? So manche Verlobten haben sich über dem Streit wegen der Figürchen auf der Hochzeitstorte (»So fett wie das Püppchen seh ich gar nicht aus!«) wieder entlobt. Mein Nachbar Fred sagte mal, er würde schon gern verheiratet sein, aber dieser prähochzeitliche Aktionismus sei eine Art Ehe-Verhütungsmittel. Und erst der Hochzeitstanz. Vor allen Leuten! Nee. Nee, nee.

Am liebsten würde Fred im Stadion heiraten. Auf der Ehrentribüne. Zum Beispiel in der Halbzeit. Dann könnte man noch das restliche Spiel sehen.

Fred, mach schon mal den Antrag. Denn in Hamburg kann man nahezu überall standesamtlich heiraten, wo man(n) will. Es wurde schon auf Feuerwehrleitern getraut, in der Spielbank, im Schafstall, auf der *Rickmer Rickmers*, auf der Alster oder im Planetarium. Gegen zusätzliche Gebühr (nach Aufwand ab 250 Euro aufwärts) können sich Paare einander auf dem Riesenrad oder in Hagenbecks Tierpark versprechen. Die Standesämter bieten ebenso Locations an (vom Anglo-German Club bis zum Jenisch-Haus), und oft braucht es nur ein höfliches Bitten, um den Staatsbeamten in das Ikea-Kinderparadies, wo das Paar sich kennenlernte, zu locken.

Nur das mit der Halbzeit wird knapp: Zwanzig bis vierzig Minuten dauert die Zeremonie dann doch. Fred entschied sich für eine Heirat auf Probe. Und mietete bei *www.scherzhochzeit.de* eine Nur-mal-so-Spaßhochzeits-Stretchlimo, mit Klimbim und Just-married-Girlande – nur ohne Ja-Sagen. Inzwischen redet seine Freundin auch wieder mit ihm.

Dabei ist es ja selten so, dass der Zauber eines Augenblicks von planbaren Äußerlichkeiten abhängt. Wenn zwei einwilligen, miteinander alt zu werden, ist dieses Ereignis doch groß genug. Das Spannende kommt danach.

O GOTT, HERR PFARRER!

Als Robert Redford im Juli 2009 seine Hamburger Liebste Sibylle Szaggars ehelichte, traute sie der Pastor der St.-Katharinen-Kirche, Frank Engelbrecht, in einem kleinen Raum des *Louis C. Jacob* (von Amerikanern gern das »Weiße Haus« genannt).

Letztlich ist das typisch: Engelbrecht, den man eher versucht ist Franky zu rufen, weil er so jung und lockig-jeansig und unbefrömmelt daherkommt, gehört zu der Hamburger Generation Kirchenleute, die mitten im Leben agieren. In »seiner« Kirche, die sich den Untertitel »Klug. Mutig.

Schön« gegeben hat, werden alle Sorten von Persönlichkeiten zusammengebracht: »Zappa spielt für Bach« etwa, heilig's Blechle! Und Krimilesungen, Gott bewahre! Zusammen mit Meßmer-Tee finden im »KatharinenSalon« politische Vorträge statt, ganz nah am Bürger, nicht durch Podien getrennt. Tee trinken und loslegen statt abwarten.

Das Kirchlein, das dafür kämpft, nicht von Bürohochhäusern zugebaut zu werden, ist nicht die einzige Gemeinde, die irgendwie … anders ist:

Das Ökumenische Forum in der Hafencity ist eine Fusion von siebzehn (!) Kirchen, die sich im Laurentiuskonvent, quasi einer Außenstelle, gemeinsam präsentieren wollen und – bis zum Bau ihrer eigentlichen Kirche in der Shanghaiallee – in einem kleinen, holzglasigen Quader Auf dem Grasbrook, zwischen Kränen und Containern, den ein oder anderen einsamen Wanderer durch die Neuen Welten auffangen.

Im alten Hafenbereich liegt die einzige schwimmende Kirche: Die Flussschifferkirche feiert 2012 ihr Sechzigjähriges; 1952 wurde sie vom Hauptpastor von St. Katharinen geweiht. Zweimal in der Woche fährt das Team ehrenamtlicher Helfer und Diakone der Flussschifferkirche per Arbeitsbarkasse in das Hinterland des Hamburger Hafens, besucht Binnenschiffer und ihre Familien an deren Arbeitsplatz. Stets bringen sie eine aktuelle Zeitung der jeweiligen Heimat des Binnenschiffers sowie einen Apfel mit.

Über ihn – dessen St.-Pauli-Kirchen-Gemeinde auf der ganzen Welt bekannt ist – sagte der Dokumentationssender

Phoenix einmal: »Zu seinen Gemeindemitgliedern und guten Bekannten gehört die ehemalige Bordellbesitzerin genauso wie der muslimische Küster und die Inhaber einer Tabledance-Bar. Mit dem atheistischen Anwalt, der spezialisiert auf Pornografie ist, ging er joggen, mit Olivia Jones ins Fitnessstudio.« Pastor Sieghard Wilm dagegen sieht »sein« St. Pauli wie die Überschneidung von Universen: »Das St. Pauli der Hip-Hopper ist ein anderes als das St. Pauli der Tango-Szene, und es kann sein, dass die keine Ahnung voneinander haben, wir allerdings Leute aus beiden kennen. Genauso kennen wir Leute aus der Roten Flora und gleichzeitig von der CDU.«

Eigentlich alles perfekte Kirchen für Menschen, die von Kirche genug haben.

OHREN AUF: JAZZ WE CAN!

Willkommen zum Jazz in der Vorstell-Bar »The Groovin' Cliché«. Sind Sie gut die Kellertreppe hinabgestolpert, ins verrauchte Mausoleum unbequemer Musik für komplizierte Charaktere? Hier am Tresen ist noch Platz, neben dem Brillenbügelkauer in Breitcord und dem Merlot-nippenden Altphilologen, der just sein Pfeifentäschchen entrollt. Einen Single Malt? In der Farbe der Fotos an den nikotinverbrämten Wänden, von Legenden, die pralle Backen beim Hornblasen machen? Das sind Jatzer mit diesem »Feeling« und so. Wenn denen die Gesangsnoten runterfallen, singen sie einfach wullebap-biido, wiaa, wiuum. Das fetzt übelst cool.

Wie bitte? Ob das Free Jazz ist? Nee. Das ist der Klavierstimmer. Die Musiker sind noch auf der Autobahn. Mitfahrzentrale. Für ein Zugticket reichte die Gage nicht. Free Jazz erkennen Sie daran, dass der Saab-900-Fahrer neben Ihnen asymmetrisch mit den Fingern schnipst. Oder mitten in der fünfzehnminütigen Kollektiv-Improvisation eruptiv applaudiert und Sie nicht wissen, warum. Ja, um Jazz zu verstehen, muss man Abitur haben! Es reicht aber auch, wenn Sie einen Rolli anziehen und ab und an nicken. Wenn der Bass sein Solo hat, reden eh alle. Ob das jetzt früher Mingus oder später Pettiford ist. Nein! Nicht tanzen! Jazzer tanzen nicht, Jazzdance hin oder her, sie wippen diskret mit der Ferse, und Frauen schwärmen alle den Blechbläser an!

Pardon? Sie hören Musik mit dem Herzen, nicht mit dem Kopf? Und Sie glauben all diese gehegten Vorurteile über Jazz und seine Liebhaber nicht? Dann muss ich Sie bitten, diese Bar sofort zu verlassen. Gehen Sie doch zum Hafen! Die jazzen da ab morgen jedes Klischee an die Wand. Unerhört so was!

DER SCHURIGEL-REFLEX

»Sie da!«

Ich?

»Ja, Sie! Sind Sie etwa eine von denen?«

»Nein«, sage ich. »Von den anderen.«

Der Blick der Bellenden am Teich vor dem japanischen Teehaus fällt missbilligend auf meine nackten Füße im Gras, ich rauche und lebe nutzlos vor mich hin. Leute gucken. Ich werde rot, als ob mich die Klassenlehrerin beim Kaugummi-ins-Haar-der-Nachbarin-Kleben ertappt hätte.

»Wollen Sie sich den Tod holen? Hier sind auch Kinder!« Ihre Stimme drückt den Rasen flach. In die Augen sieht sie mir nicht. Ich finde, sie sieht sogar aus wie meine Klassenlehrerin. Kein Haar liegt falsch, nicht mal als sie den Kopf schüttelt. Sie sucht die Allianz unter dem Publikum auf den Erholungsbänken. Manche sind dafür, manche dagegen, dass ich mir beim Barfußrauchen den Tod hole. Ich ziehe die Schuhe an. Ich will sagen, dass der Tod von selbst kommt, will fragen, was sie das angeht, will brüllen: »Ich bin ein lieber Mensch, kein Sozialterrorist!« Ich schweige betreten. Und fühle mich nach bester Hamburger Tradition pädagogisiert.

Es besteht eine Hassliebe zwischen den Wachtmeistern des wohlfeilen Verhaltens und mir. Einerseits habe ich Achtung vor jenen, die sich trauen, den Mund aufzumachen, wenn ihnen was nicht passt. Andererseits: Was bei manchen der vom Erziehungsvirus Befallenen herausgebellt wird, ist durchdrungen von Empörung, die unendlich viel größer ist als das, worüber sich empört wird. Am liebsten wird in den Rücken des zu Belehrenden gezischt, im Ton beckmesserischen Ingrimms. »Da ist jetzt aber Rot!« Im Umkreis von drei Kilometern kein Wagen und kein Kind, das sich diese ungeheure Revolution abschaut. »Sie! Ihr Vorderrad hat zu wenig Luft! Wie kann man nur so blind sein!« Äh, danke. »Andere Leute haben eine Arbeit und nicht so viel Zeit!« Ich stand drei Sekunden zu lange vor dem Kühlregal.

Als ich frisch geschurigelt Richtung Rosengarten tapse, kommt mir ein Radler entgegen. »Hier ist kein Radweg, Sie!«, höre ich mich empört denken. Neeeiiin! Ich hab mich angesteckt!

KÜSSCHEN-KULT IN HAMBURG?

Caligula streckte seinen Mittelfinger zum Begrüßungskuss hin, Fische und osteuropäische Politiker rubbeln ihre Wangen aneinander, und die Queen beliebt grundsätzlich nicht zu küssen, außer vielleicht ihren Prinz Philip, aber nur wenn es sich nicht vermeiden lässt.

Bussi or not to be bussied – zwei Meinungen über die Kultur des rituellen Küsschens, das auch unter Affen und Klerikern verbreitet ist:

Kontra Bussi: Bussi ist blöd, und ich beneide die Queen. Sie entzieht sich der Bussisierung der *sciccheria*, wo Halbfremde demonstrative Akkoladen zelebrieren – Wangenküsse in die Luft, um Make-up und Lippenstift zu schonen. Dieser Wackelpeter-Effet ist verbreiteter, je höher sich die Gruppe einschätzt, und wird methodisch gegeben oder verwehrt, um die Zugehörigkeit auszudrücken. Gekonnte Bussi-Impresarios bringen es dabei auf mehrere Dezibel, während sie keusch in der Hüfte abknicken, um den scheinheiligen Zuneigungsbeweis knapp am Gesicht vorbei zu platzieren. Und dabei Ausschau halten, ob nicht wer Interessanteres durch die Tür kommt, den sie mit dem kalkulierten Luftikuss in Sicherheit wiegen können: Schau, ich küss dich, du kannst mir vertrauen, wir gehören doch alle irgendwie dazu, da tut man sich doch nix, willkommen im Club. Gell?! Hinterher reden sie genauso schlecht über die Person, als hätten sie die Anmaßung der Pseudointimität nicht im gespitzten Mund versteckt. Oder was gibt es Selbstverleugnerischeres, als Menschen, die man nicht mal mag, zu küssen, um ihnen dennoch zu gefallen?

Pro Bussi: Bussi ist das pure Leben. Solange man sich die Küsser aussuchen kann und der geliebte Mann nicht eifersüchtig danebensteht und drohend schweigt. Dabei wird der Charme, der von der französischen Dreiervariante des Linksrechts-links-*baiser* ausgeht, nur noch vom Wiener Handkuss getoppt (es sei denn, der Bart verfängt sich im Ring).

Doch um enge Freunde zu umarmen, angenommen zu werden, die Menschenliebe mit einem Kuss zu bestätigen – da wäre ein Bussi fast zu wenig, Denn was gibt es Schöneres, als ohne Worte auszudrücken: Schön, dass es dich gibt. Lass uns den Kuss niemals durch Beliebigkeit verraten.

HAMBURG IM REGEN

Es fallen Tausende und noch mal Tausende und Abertausende Gedichte vom Himmel. Sie sind zart wie Tränen und färben den Boden schwarz; er lächelt silber-rot-grün auf, wenn ein Wagen vorbeifährt und die Ampeln im Kanon leuchten. Die Gedichte sind Poesie und Ballade, Ode und Arie. Sie reizen zum Sehnen und schmerzen in den Knien, und im Herzen auch. Sie schlagen nach den Blättern und Blüten, die Rosenknospen kriechen zurück in die Zweige und schmollen.

Anderswo heißen diese Gedichte: Regen.

Natürlich regnet es auch mal in Hamburg; das aber nur, wenn der Fremde, der Unwissende, der ewig Wetterschmollende, hinschaut. Die anderen, wir hier, wir nennen das nie so, hier regnet es nicht, hier weint der Himmel Lachtränen und lässt gleichzeitig die Sone scheinen. Das gibt Regenbogen, die sich vom Michel bis zur Mundsburg spannen, und am Ende steht eine goldene Spieldose. Hier lacht der Himmel und spuckt dabei ab und an wie ein Opernsänger (und wie die spucken! Fragen Sie mal das Orchester im Graben); es fisselt dann, aber das macht die Haut jung und rosa und legt Locken au naturel. Hier regnet es nicht, hier streichelt das Wasser, das der Wind über der Nordsee und dem Atlantik, in den Bergen und an den Seen, im Norden und im Osten der Welt aufgesammelt hat, die Steine, die uns schützend umgeben. Der Bach oder Fluss oder die himmlische Gießkanne nährt die Pflanzen und die Seele, macht, dass wir alle langsamer fahren vor Glück. (Und weil wir nichts mehr sehen, es ist dann Wasserschleierzeit, und in den Pfützen spiegeln sich der Himmel und die Stadt; in den Spiegeln der Wasserwännchen auf den Straßen und Wegen und Gärten, da zeigt sich erst Hamburg, wie es wirklich ist – und in jeder Pfütze, schauen Sie mal genauer hin, da zwinkert der Himmel, er sagt: Reingelegt!) Das bisschen Gewitter und Sturm, das den Fischmarkt ersäuft und die vergessenen Wagen in die Gassen weiterspült; das kleine Unwetter, das die Fahnengeschirre schmettern lässt, das Teelöffelchen Wasser, das zu Schnee gefriert und uns auf den Straßen kullern und schlittern lässt, das Trommelfieber wie von winzigen Koboldfingern an den Fenstern, und zack! – ist die Stadt verschwunden hinterm Gedichtewölkchen. Zauberregen.

Und manchmal einfach nur verflucht feucht, vor allem wenn er von unten kommt. (Das kann er hier nämlich auch – alles eine Frage der Übung!)

DIE VERGESSENE STADT DER TRÄUME

Wie viel eigenes Leben passt in einen Koffer? Nein, nicht in einen von denen, die Rollen unter dem Bauch haben, einen Zughebel am Rücken. Sondern in einen, den man gerade noch tragen kann über ein paar Kilometer.

Bitte nur das Wichtigste.

Was ist das Wichtigste? Fotos von den Eltern? Das eine Buch, der Computer, der Glückspullover? Und dann – nie wieder zurückkommen. Nur das schwarze, spöttisch an den Amerikakai klatschende Elbenwasser liegt zwischen Wirklichkeit und Traum. Dem Traum von einem neuen Leben, in einer neuen Welt. Freiheit, Geld und Frieden.

Der jüdische Hanseat und Reeder Alfred Ballin, Erfinder der Kreuzfahrt und Initiator der Hamburg–New York-Passagen, errichtete auf der Veddel – nach der Cholera, von der viele Hamburger sagten, die Auswanderer brachten sie mit, nicht das marode Gängeviertel – von 1892 bis 1901 das Gegenstück zu Ellis Island: die später so benannte Ballin-

Stadt. Ein Auswanderer-Auffanglager auf der südlichen Seite der Elbe, Platz für fünftausend, weit genug weg vom selbstverliebten Bürgertum, das den jungen Ehrendoktor gern mit »Wasserjude« betitelte. Durch Ballins »Stadt« wurden bis zu Beginn des Zweiten Weltkriegs 5,2 Millionen Hoffnungsvolle geleitet. Polen, Russen, Zuwanderer vom Balkan – er merkte sich die Namen, die Gesichter, die Träume; einige kaufte er frei, wenn sie auf Pauli versackten. Niemals nannte er sie eine »Fracht«, als welche die »Zwischendecker« oder das »Auswandererpack«, wie es die meisten anderen Reeder formulierten, in den Büchern vermerkt sind. Eine »Zwischendeckerin« blieb auf der Veddel, das von Ballin adoptierte Bauernmädchen Irmgard. Sie wird es in Hamburg erst leichter haben, als verlautbart wird, sie sei keine Jüdin. An der Elbchaussee kaufte Ballin kein Haus; das hätte man ihm nicht verziehen. Später wird der Ballindamm nach ihm benannt.

Ist davon – von den Träumen, den Millionen – etwas zu spüren in der BallinStadt, erreichbar per Barkasse oder S-Bahn, auf der immer noch anderen Seite des Stroms? In der Handvoll multimedial überbespielter (»Simmigrant«), nachgebauter Backstein-Baracken, in denen die Reisenden schliefen, lebten, beteten und im Flurfunk übten, wie sie auf die Fragen in New York zu antworten hätten, um bleiben zu dürfen? Ob die Emigranten Currywurst und Schnitzel Wiener Art zu sich nahmen, wie die raststättentypische Speisekarte des Bistros *Nach Amerika* etwas kühn formuliert? (»Genießen Sie nach einem spannenden Besuch der Ausstellung eine unserer leckeren Speisen, die zum Teil schon in den alten Auswandererhallen gereicht wurden.«) Wohl kaum; für Proviant war nämlich selbst zu sorgen. Genauso wie für den Inhalt des Koffers: nur das Wichtigste.

Vergessen ist sie, die Stadt der Träume, doch wer die Augen schließt, sieht sie vielleicht noch.

DIE EUROPA-PASSAGE IM FLIRT-TEST

Auf meiner Mission werde ich von zehn Engeln überholt. Sie tragen enge weiße Shirts und verschwinden kichernd auf das WC im zweiten Stock der Europa-Passage, um sich den Heiligenschein zu richten. Meine Aufgabe ist eine andere: die neue Shoppingmall zwischen Mö und Jungfernstieg auf ihren Flirtfaktor zu testen. In Absprache mit meinem Ehewolf entferne ich Ring und züchtigen Gattinnenblick, bewaffne mich mit Minirock und Notizbuch und betrete Hamburgs wahr gewordenes Utopia. Samstag, 12 Uhr mittags. High Noon. 4000 Quadratmeter Jagdrevier. Das Lächeln festgetackert im Anschlag.

Kurz nach der Drehtür der erste Erfolg: Zwei Männer in Klein-Flottbek-Blau sehen mich an. Ha!

Oh. Es ist die Security, die sich fragt, wieso ich so blöd

im Weg stehe. Ich lasse mich von der Menschenwelle mitspülen und drapiere mich anmutig auf der Rolltreppe. Werfe mit Lächeln um mich, keiner fängt es auf, keiner der Männer, die mit Tüten bepackt vor den hundertzwanzig Geschäften wie geparkt abwarten.

Ein munterer Damenclub im *Cha Chà* ruft im Chor »Kuckuck!«, alle tragen Rentiergeweihe. »Ist das voll!«, stöhnt ein Mann, und seine Liebste merkt an: »Ist halt Hamburg.« Je höher ich steige, desto wärmer wird mir; den circa zwei Millionen Flaneuren ebenso. Vielleicht springt die Hitze ja über? In der Thalia-Buchhandlung versuche ich es erst bei den Krimis, dann bei den Lexika: Nix. Douglas: Nix. Eisstand: Fünfzehn Rempler – und eine Kugel Walnuss. Gegen die lustvollen Versprechungen der Göttin Konsuma kommt frau einfach nicht an.

Nach einer Slalompirsch durch den hektisch-aufgeladenen Kauftempel, vom *Ephesus Diner* bis zur Udo-Lindenberg-Galerie, sinke ich zu erschöpften Rentnern auf eine der vielen Sitzbänke. Ein Engel bietet gebrannte Mandeln an. Ich will nach Hause.

»Europa-Passage verbindet« lautet doch das Motto der 430-Millionen-Euro-Kathedrale des modernen Einkaufskatechismus! Na bitte, wer würde sich gern mit mir verbinden? Hallo?!

Niederlagen-Prosecco im *Lavasani*. Ein wackeliger Senior um die achtzig guckt listig, als ich um den Aschenbecher bitte. Reicht ihn rüber, zieht ihn wieder weg. Riesengaudi.

Flirtet der mit mir?! Ich ziehe einen Flunsch. Auf einmal wirkt mein Charme: Ein niedlicher Kerl lacht mich an. Na bitte, geht doch. Ich schneide ein paar Grimassen für ihn.

Er ist ungefähr drei Jahre alt.

ES WAR EINMAL AUF ST. PAULI

Es war im Imperial Theater, einst das erste Pornokino Deutschlands, bei der Buchpremiere der Biografie von Hamburgs umstrittenster Strafverteidigerin, »die GoSo« genannt. Literaten trafen auf Halbweltler, eine in Hamburg häufige Allianz; Kunst und Kiez, das hat sich gern. Ein dunkel gelockter Mann mit Pilotensonnenbrille stand vor der Garderobe, er wirkte ein wenig aus dem Leben herausgetreten. Aufgefallen war er mir Mitte der Neunziger, als ein Foto von ihm durch die Gazetten gereicht wurde: angeschossen, nackte Brust, aber immer noch mit Ray-Ban. Erst wenn er sie abnimmt, wird's gefährlich, hieß es im Milieu; wenn er sagte: »Halt mal«, sollte man besser zwei Minuten wegschauen. Wie viele junge Männer wohl träum(t)en, genauso ein harter, cooler Hund auf St. Pauli zu werden?

»Na, haben Sie keinen Gesprächspartner?«, fragte ich Kalle Schwensen; der Kiezmacher mit engem, hohem Krawattenknoten vergeudete keine Zeit mit einer Antwort, sondern deutete einen Diener an, überwältigte meine Hand und hauchte einen formvollendeten Kuss auf meine zartbehandschuhten Finger. Diese Gentleman-Geste hatte ich nicht erwartet; zu viele Vorurteile über einen Angehörigen des Pauli-Stammes – jener Melange aus normalen Menschen, Punks, Rotlichtarbeitern, Omis mit Hackenporsche und Turnschuh-Huren? Wenn wir uns die Jahre wiedersehen, grüßt er mich stets als »die Frau mit den Seidenhandschuhen«. Ein Rotlicht-Ritter, dessen Bedeutung verblasst, je weiter die Zeit voranschreitet.

Karl-Heinz Schwensen ist für mich ein lebendes Echo des »Damals«-St.-Pauli. »Damals« ist gewoben aus Sex, Sprit, Geld, Tattoos, Seefahrt, Gewalt, Gesetzlosigkeit und Männerfreundschaft; je weiter es in die Vergangenheit rückt, desto mehr wird es verklärt (und desto mehr kommen und suchen danach, wie an jedem Freitag und Sonnabend; in diesen Nächten halten sich erfahrene Hamburger fern und überlassen Pauli den Touristen und Speckgürtel-Halbstarken). Plietsche Geschäftsleute werden nachträglich zu Kiezkönigen hochgejazzt, Verbrecher zu Rotlicht-Rittern. Ruch und Ruf liegt auf Pauli wie ein fadenscheiniges rotes Negligé; Nutella-Bande, Mucki Pinzner, der »Pate« Willi Schulz, genannt Frieda, Willi Bartels und das Eros-Center; die GmbH, Stefan Hentschel; Domenica, die Hure; Günter Zint, der Kiezfotograf, und Erwin Ross, der Kiez-Rubens, Chinesen-Fritz, Wiener-Peter, schöner Mischa. Kiezgesetze

(Kein Verrat an die Bullen! Keine Waffen!) und Kiezgeheimnisse (Wer ist die unbekannte Nackte? Welchen Manager führen die Erichstraßen-Dominas an der Hundeleine?), Inkasso-Henry und Olivia Jones – »aus Geschichten wird Geschichte«, heißt es dementsprechend im neu eröffneten St.-Pauli-Museum in der Davidstraße 17. Und aus dem einstigen Westernsaloon wird nach und nach ein Disneyland.

KLEINE FLUCHTEN

Manchmal will man einfach nur raus. Raus und flüchten, irgendwohin, wo man sich für eine gestohlene Stunde verstecken kann; ob vor Schadenfreude-TV-Sendungen, bei denen Menschen schmerzhafte Missgeschicke passieren und andere sich darüber köstlich amüsieren; vor lebensbeleidigten Gesichtern mit versteinerten Mundwinkeln, die panisch vermeiden, einem in die Augen zu sehen, aus Angst, angelächelt zu werden; oder schlichtweg vom lieblosen Blabla des Alltags. Dann braucht die Seele einen Ort, an dem keiner fragt: Wo warst du, wo gehst du hin, wieso kommst du so spät, warum liebst du mich nur so, wie du kannst, und nicht, wie ich es will? Einen Ort des Willkommens. Wo die Menschen, die diesen Platz bereithalten, keine Bedingungen für Herzlichkeit stellen. Kleine Fluchten. Paralleluniversen.

Hamburg besitzt viele dieser Gemütsasyle für Fliehende: wie die heimeligen Räume von *Lühmanns Teestube* in Blankenese. Hier muss man sich nicht »verhalten«, sondern darf man selbst sein. Der eine schweigt erleichtert, der andere starrt träumend auf die Vitrine mit köstlichen Kuchen, der Nächste wünscht sich, das eigene Wohnzimmer umheimele ihn mit nur halb so viel Geborgenheit. Ähnliches erleben auch die Suchenden im Kaminzimmer des Hotels *Vier Jahreszeiten*: Im Schein des Feuers wird man umsorgt, die Blicke des Services sehen nicht vorbei, sondern sind direkt und freundlich, die innere Bitterkeit verrinnt zwischen den dicken Teppichen und dem besänftigenden Blick auf die Alster. Erstaunlich, dass manchen dieses kostbare Gefühl nur zehn Cent Trinkgeld wert ist …

Auch die erlösende Klarheit der *Alten Kapelle* im Innenhof Beim Schlump 85 entbindet das ruhelose Herz von zielloser Hast, ähnlich, wie der Hinterraum des Cafés *Mathilde* in der Bogenstraße dazu verführt, den Tag lieber lesend zu erfahren, als sich der wortlosen Distanz auf den Straßen zu stellen.

»Komm, lass uns durchbrennen« – das muss nicht nach Paris oder Casablanca reichen; manchmal führt der Weg nur dorthin, wo man sich willkommen fühlt. Nicht lästig – iiih, ein Gast, bloß weg hier! Jeder hat einen geheimen Platz, an dem er fast mehr zu Hause ist als daheim.

Ihn zu teilen heißt, die Adresse der Seele zu offenbaren.

LIEBE ALS SCHULFACH?

Taxi fahren in Hamburg bildet die soziale Intelligenz. Die diskreten Droschkenchauffeure sehen alles. Sie wissen, ob ein Paar zusammengehört oder nur heimlich knutschend den extralangen Fahrweg nimmt; sie wissen, welche Paare sich nichts mehr zu sagen haben und deswegen nach einem Ball über andere herziehen (»Unmöglich, diese Frisur!« – »Lächerlich, der Aufzug!«), und sie haben gute Ideen, die Taxifahrer. Ideen, geboren in dreißig Jahren Beobachtung der Liebe und der Menschen. Die beste Idee einer Hamburger Taxifahrerin: Liebe als Schulfach. »Respektvoller Umgang, Kommunikation, Zärtlichkeit und auch Trennung: Das sollten die Kinder lernen«, sagte sie und wich einem Vorfahrtsräuber aus. »Herzensaufklärung heißt fürs Leben lernen.«

Interessante Idee. Aber wie sähe der Lehrplan aus? Man könnte Popsongs analysieren und schauen, »was die Musik verspricht, aber das Leben nicht hält«, wie es eine Hamburger Autorin in ihrem Roman *Was? Wäre? Wenn?* ausdrückt – um zu begreifen, dass Liebe kein Lied ist, sondern manchmal auch Leid. Als Nächstes stünde ein John-Neumeier-Ballett in der Staatsoper auf dem Programm: Um zu verstehen, dass die Umwerbung auch stumm passiert, in kleinen Bewegungen, sehnsuchtsvollen Blicken; manchmal so abstrakt wie ein Bühnentanzschritt, getränkt vom brennenden Verlangen, auszudrücken, was unaussprechbar ist. Auch durch Opern wie *L'elisir d'amore* oder *La fille du régiment* müsste die arme Jugend durch: Die Sänger sind zwar manchmal nicht richtig zu verstehen, aber irgendetwas im Gesang, in der Musik berührt das Herz und trägt es über den Horizont der Vernunft. Die Lektion dabei: Die Sprache der Liebe ist alles andere als cool – sie ist reich und bunt und leidenschaftlich. Vergiss SMS, schreib Liebesbriefe, Liebesoden, trau dich, bereite deinem Schwarm eine Bühne, denn Liebe ist das Einzige, was man nicht verschwenden kann.

Als Letztes müssten die Deutschlehrer ran. Anstatt mit Inhaltsangaben und Sprachanalysen zu quälen, könnten sie aufzeigen, wo in jedem Buch der Herzfaktor steckt. Und dass Romeo und Julia zwei Teenager waren, die vergessen hatten, über ihre Gefühle zu reden. Und das Leben verpassten.

SCHANZEN-NIGHTS

Wenn die Sonne scheint: Italien! Auf den Bierbänken am Schulterblatt. Galão, politisch korrekte Brause oder Knolle Astra, dabei Frauen gucken; die Jungen kommen alle hierher, Eppendorfer Blond, Winterhuder Seitenscheitel, Pinneberger Lippenpiercing: »erst mal auf die Schanze«, dann auf den Kiez. Oder sie pendeln, wenn es auf der Promenade so dicht gedrängt ist wie in der S1 am Freitagabend, zur Wohlwillstraße – der von Touristen nicht beachteten Wohlfühlmeile, die das Schanzenviertel mit St. Pauli koppelt. Um zu essen (*Kleine Pause*: beste Pommes in Hamburgs Westen. *Rocco*: lautester »Buona Sera«-Chor der Stadt, verrucht scharfe Pasta Arrabbiata), um Poetry Slams zu lauschen (Wortsport im *Kaffee Stark*) oder schräges Gedöns bei *Lockengelöt* zu kaufen (Garderobenhaken an Büchern). Danach zurück, tanzen im *Mandalay* in der ehemaligen Bank, vorher ein Halt im Sofacafé *Zoë 2*, eine der Oma-Chaiselonguen besetzen, sich unterm Bommel-Lampenschirm Tee reinziehen und Jungs gucken. Die ziehen weiter auf den Kiez oder in die *Mutter*, kickern. Oder zündeln? Randale? Klar, sieht man ja im Fernsehen, aber glauben sollte man nicht alles. Satte Hunde vor besetzter Roter Flora. Kapuzenjacken, Converse, Internet-Unternehmer und Raubkopierer; Griechen, Türken, Franzosen, Omis Hackenporsche, Veggie-Guerilla (kleben Beerdigungsanzeigen auf abgepackte Fleischstücke), Garten-Guerilla (bepflanzen öffentliche Flächen). Klein-Kreuzberg trifft Londons Soho und New Yorks Village; »Gentrifizierung« wurde hier geboren, die »Occupy Hamburg«-Bewegung auch, in der VHS wird Beckenbodentraining für Männer und Bierbrauen für Frauen gelehrt. Im *Elbgold* sitzt man auf Kaffeesackkissen, bei *Erika's Eck* ordern Taxifahrer nachts um vier Hackepeterbrötchen, im *Artisan* verbeugt sich der Gourmet vor großer Provence-trifft-Schanze-Cuisine. Hat Mariah Carey nicht mal ein Video in der *Bar Rossi* gedreht? »Ach, du bist schon *so* alt?«, murmelt meine siebzehnjährige Schanzenbegleitung. Ich mache »Pfff!«.

Was ist die Schanze? Ballermann, sagen die, denen die Sommer zu laut werden. Mekka der Krawalltouristen, sagen andere, denen die Pullunderjungs aus den reichen Vorstädten auffallen, die am 1. Mai zum Steinewerfen und Handyfilmen kommen. Vorglühkiez. Die beweglichste Lebenskultur Hamburgs. Kult. Kultur. Livemalerei, Straßentango, Streetart, Lieder-Erzählungen, Hip-Hop. Sie ist prominent – Tim Mälzers *Bullerei*, der Roger Willemsen wohnt um die Ecke. Sie hat Cafés für Mütter mit Doppelkarren, für Mütter mit Freundinnen, für Mütter mit Sehnsucht. Sie ist jung und reif, sie ist die Villa Kunterbunt von Hamburg, ihre Familie zählt dreieinhalb Generationen und zig Angeheiratete aus 123 Nationen, sie entspricht keinem Vorurteil – und ist doch so typisch. Sie ist jetzt schon anders als eben erst.

IN FAHRTRICHTUNG HERZ

Sie vermögen sich nicht zu trennen, der Mann mit dem blonden Dreitagebart und die Frau im roten Mantel. Abschiedsschmerz spaltet ihren Blick entzwei, ihre Finger verfangen sich Schutz suchend ineinander über der Schwelle zwischen Zug und Bahnsteig. Dammtor-Bahnhof, Montag, Gleis vier.

Ein verirrter Sonnenstrahl fällt durch die Jugendstilfenster und lässt eine Tränenspur im Gesicht des Mannes aufscheinen wie einen tauglitzerndern Nornenfaden. Als sich die Türen schließen – Vorsicht bei der Abfahrt, Vorsicht vor dem Zurückbleiben –, springt er hinein, sie rettet sich in seine Arme, für kostbare vier Minuten. Bis der Zug den Hauptbahnhof erreicht und sie endgültig trennt – den Schwarzfahrer aus Liebe und das Nomadenherz. Ihre Hände hinterlassen Abdrücke an beiden Seiten der Türscheibe.

Der Dammtor-Bahnhof, 1903 als »roter Teppich auf Schienen« für Kaiser und Staatsgäste gebaut, entsendet und empfängt 43 000 Reisende täglich, und manchmal fährt einer für vier Minuten mit, als Ticket nur die Sehnsucht. Sie genießen bei jeder Fahrt aus oder in Richtung Südosten den Anblick der Alster, den Blick auf das *Hotel Atlantic*, auf den Jungfernstieg, so mancher hat sich bei Überquerung der Lombardsbrücke haltlos in die Elbprimadonna verliebt. »Haben wir nicht eine schöne Stadt?«, murmeln Hamburger dann und legen die Zeitung beiseite – wie können Wasser, Stein und Himmel nur so schön sein? Ab und an bin ich eine von ihnen und kann mich nie entscheiden, zu welcher Seite ich lieber sehe. Oft täusche ich das Reisen aber nur vor. Dann sitze ich im schönsten Bahnhof Deutschlands (so urteilte die »Allianz pro Schiene e.V.« ziemlich präzise) im *Dolce Amaro* in den petrolfarbenen Leder-Rondeelen, atme Aufbruchslust und höre Paaren beim Flirten zu; oder lehne bei *Allwörden* an der Stehbank, sehe Fremden beim Fortkommen zu, wie das Lächeln des hübschen Barrista sie verabschiedet. Viele erleichtert es, ein Ziel zu haben. Manchen merkt man an, dass sie erst im Unterwegssein ihr Ankommen finden, und anderen, wie sie es hassen, zu bleiben, in Gleisen, für die andere die Weichen stellen.

Aber den meisten steht ins Gesicht geschrieben: Endlich komme ich wieder nach Hause. Endlich Dammtor. Das Tor zu Hamburg.

IHR EINSATZ, BITTE

Manchmal hat man das Glück, einen Star kurz vor seinem Durchbruch kennenzulernen; das Genie weiß noch nichts davon. Der zukünftige Seite-eins-Liebling ahnt nicht, dass er einen Monat später auf den Listen der Redaktionen stehen und sich druckreife Antworten überlegen wird – zum Leben, zum Tod, zu seinem Lieblingsdesigner.

Dieser Bald-Star war jung, er sang aber von einer Sehnsucht, die doch erst wirklich zu brennen beginnt, je länger sie unerfüllt bleibt. Nur: Welche?

Abends nach dem Gig in der kleinen Musikhalle ging ich mit ihm ins Kasino, damals noch im neunten Stock des *InterConti* und nicht an der Esplanade. Die schönsten Frauen drückten sich auffällig zufällig in seiner Nähe herum, doch er sah nur Jetons, Karten, das Spiel. Die Augen glasig und zu abgelenkt, um die aus der Bühnenpomade gelöste Haarsträhne aus dem stündlich älter werdenden Gesicht zu streichen. Er brannte für die Droge, in einem Spiel mehr Chancen zu haben als sonst im ganzen Leben. Er war einundzwanzig.

Leichtherzig sollte man natürlich sein, wenn man sich bei Roulette und Poker, an Automaten und Blackjack hingibt. Nicht an dem hängen, wovon manche glauben, es mache sie zu jemand Wichtigem: Geld. Nicht die Contenance verlieren, auch dann nicht, wenn das Ersparte und die Ehefrau verspielt sind, wie es neulich einem Russen in Murmansk passiert sein soll (und wer weiß, ob das nicht sein Glück war). Aber ist es nicht Größe, die sich im Scheitern beweist? Die großen Verlierer bringen mit einem Heben der Braue ihre ganze Verachtung gegenüber etwas so Banalem wie Geld zum Ausdruck. Muss man sich nicht zwangsläufig in Verlierer verlieben, weil nur die ahnen, was wirklich zählt im Leben? Oder bluffen die auch nur?

Pech im Spiel, Glück in der Liebe: Das hört sich so an, als gäbe es immer was zu gewinnen. Wenn es so einfach wäre, wäre unsere schicke Spielbank ständig überlaufen und der junge Star von damals glücklich verliebt.

Heute ist er berühmt. Applaus macht ihn nervös, seine Herzdame ist jene ohne Unterleib. Er brennt. Er will wissen, ob er Glück verdient. Er denkt, nur gute Menschen bekommen es.

Doch Fortuna macht ihr Spiel mit ihm, er ist für sie ein Namenloser wie alle, die meinen, sie mit Geldeinsatz bestechen zu können. Darüber lacht sie; man hört es jedes Mal, wenn eine Kugel über den Roulettekessel klimpert.

WÜNSCH DIR WAS, SAGTE DER GOLDFISCH

Vielleicht war es die absolute Leere in Planten un Blomen. Ein süffiger Julitag, grelle Hitze, die alle Farben bleicht und Gefühle viel lauter macht. Hamburg schaute Fußball-Schland beim Gauchosfalten gegen die WM-Argentinier zu, der Park war verwaist wie ein Schulhof in den Ferien, am Eisstand schlief die Verkäuferin unter einem Sonnenschirm.

Vielleicht war es aber auch meine Lektüre; es ging um träumende Bücher, um Schatten, die weinen, wenn ihr Besitzer die Welt verlässt.

Bestimmt war es der unvermutete Anblick funkelnder Münzen an der Quelle der Wasserkaskaden. Da lagen sie. Wünsche unter Wasser. Bewacht von Goldfischen. Kaum drei Dutzend Geldstücke; ein Wunschbrunnen, der erst beginnt, einer zu werden. Wer hatte diese Münzen geworfen? Welche Hoffnungen waren in das Metall geprägt – von

Liebe, von einer Konfektionsgröße weniger –, oder das Flehen, nicht den eigenen Schatten zu verlieren? Mir fiel ein, wie lange ich mir nichts gewünscht hatte; etwas Undiszipliniertes, Großes, etwas, was den vermessenen Wünschen eines Kindes zu Weihnachten gleichkommt. Zu viel Realität kann wunschlos machen.

Aber wie sind noch mal die Regeln für jene Magie, die den Verstand verführt, für einen Augenblick wegzutreten? Muss man das Geldstück küssen, über die linke Schulter werfen und ein bisschen Futter für die Wunschwächter hinterherstreuen? Wie teuer ist das Schicksal zu haben, reichen fünfzig Cent (und mehr hatte ich auch nicht)?

Ich warf die Münze stumm und bat um Entschuldigung für die Eitelkeit meiner Hoffnung. Die Fische umkreisten neugierig das sinkende nordische Gold. Wie, kein Brot? Schon wieder nur Geld? Schland schoss ein Tor, die Stadt schrie kollektiv auf, die mit Sat-Anschluss drei Herzschläge später als die anderen. Eine Druckwelle des Jubels rollte über die Stadt hinweg.

In zwei Jahren werde ich wissen, ob der Wunschbrunnen meine Bitte trotzdem hörte.

BIS ZUM LETZTEN SCHRITT

Sie werden sich bejubeln lassen, für jeden ihrer 100000 Schritte. Von denen sich die letzten 30000 anfühlen, als würden die Schienbeine zersägt. Ohne Narkose. Manche werden kurz nach dem Eppendorfer Baum anfangen, es zu hassen – die entspannten Gesichter der Stehenden, die Partylaune, den Lärm, der an den Nerven zerrt wie Dornenschläge. »Gleich hast du's, nur noch zwo Komma fünf Kilometer, Tina«, und: »Nicht gehen, Otto, laufen!« Nur! Laufen?! Purer Zynismus von Spalierguckern, die Sonntagskuchen samt Prosecco genießen und nicht ahnen, dass die Rothenbaumchaussee ein böser, kaltherziger Killerberg mitten in Hamburg ist. Und doch das Vademekum, um sich zu bezwingen. Um etwas zu schaffen, was kein anderer für dich tun kann. Wer den Killerberg bei Kilometer achtunddreißig schafft, ist gefährlich. Er weiß, dass der Mensch nicht so schnell kaputtzukriegen ist. Und wer das weiß, ist kein Typ mehr zum Herumschubsen.

Auf den letzten Metern werden sich alle Sehnen so zusammenziehen, dass der Körper einer verschmirgelten Wachsmarionette mit ungleich langen Fäden ähnelt. Der Kopf zu schwach, um mehr als nur auf den Asphalt zu sehen, der sich wie eine Hochhauswand mit Zähnen unter den Füßen aufzubäumen scheint. Nach dem Zieldurchlauf können die Marathoni(a)s die Treppen zur U-Bahn nur rückwärts heruntergehen, weil vorwärts nichts mehr mitmacht. Nicht die Knie, nicht die Hüfte, nicht das Hirn.

Verrückt, könnte man sagen. Wieso machen die das? Rennen stundenlang durch die Gegend. Leiden die gern? Laufen die vor was weg? Wollen die sich bewundern lassen von den Pummelkollegen?

Wer niemals selber gelaufen ist, denkt so etwas. Dass Laufen Weglaufen ist. Dabei ist es ein Nachlaufen, unterwegs findet man seine Seele. Seine Ängste. Und Stärken. Das Leiden macht auch keinen Spaß. Es ist nur nicht zu vermeiden, genauso wie im Leben; wer ständig fürchtet zu leiden, wird niemals herausfinden, wer er sein könnte. Und was Ruhm und Ehre angeht: Niemand trainiert ein Jahr lang, um sich für einen kurzen Montag im Büro behimmeln zu lassen. Das lohnt nicht. Aber was lohnt dann? Kathrine Switzer, die sich 1967 als erste Frau in den bis dato nur Männern erlaubten Marathon schlich, hat die vielleicht ehrlichste Antwort: »It's like being wild again.«

FRÜHER – ODER LIEBER SPÄTER?

Seit es Handys gibt, kommen Menschen öfter gar nicht. SMS genügt, um eine Verabredung drei Minuten vorher abzusagen oder sich als im Bus befindlich zu outen, der einen Nachstopfer an der Tür bräuchte, so wie die Metro in Tokio.

Ich gebe aber zu, dass ich zu den Anhängern gehöre, die die SMS »Bin im Bus!« als Vorlage gespeichert haben – kein Wunder, ich komme immer zu spät. Es ist mir unbegreiflich, wie ich bisher jede Bahn, jedes Flugzeug erreicht habe und bisher keine meiner Freundinnen vor lauter Warten ergraut ist. Ich bin die hektisch atmende, im Gesicht rotfleckige, überforderte Person, die mit offenem Mantel, Pappkaffeebecher und Rollkoffer ohne Rolle durch eine Tür stürzt und die ergreifende Frage stellt: Bin ich zu spät? Und bisher hatte ich stets das Glück, dass ein zum Erbarmen fähiges Herz log: Aber nein.

Vielleicht liegt es daran, dass es in Hamburg so leichtfällt, sich das Warten angenehm zu machen. Meine Freundin H. ist eine klassische Hotelfoyer-Voyeurin, die tagelang in einer Vier-Sterne-Lobby sitzen könnte und zu jedem Menschen eine Story spinnt. Meine Freundin B. finde ich garantiert im Gespräch mit einem anderen Gast oder dem Kellner, die sich ihres Tausendwattlächelns nicht erwehren mögen – ob in der legendären Bodega *Nagel* am Hauptbahnhof oder dem überlauten *Rive*. Bei meiner Freundin W. muss ich oft eine Traube Verehrer aufscheuchen, die sich um sie geklumpt hat und nur widerwillig ein Spalier zu ihr öffnet. Überall in dieser Stadt wird das Warten nicht lang – im Beach Club lassen sich die Balzspielchen beobachten, im Straßencafé das Defilee der letzten zehn Modesaisons. Und sogar der Blick gen Himmel ist fulminant: Den Hamburger Wolken zuzusehen ist wie tiefes Ausatmen für die Seele.

Ausrede, Ausrede, Ausrede! Pünktlichkeit ist eine Sache der Absicht – und des Respekts. Ich muss jetzt los. Mein Mann wartet, und das soll er nicht; wir haben viel zu lange aufeinander gewartet, das reicht fürs Leben.

SCHAU MAL EINER HIN

Es lässt sich ja ausgezeichnet über das lästern, was einem so als »Neuer Trend aus den USA!« verkauft wird, als handle es sich um eine Messeneuheit, so elementar wie Toilettenpapier: Speed-Dating, S-Bahn-Dating, Silent Dating. Das Letztere versammelt eine Stunde lang Rendezvouswillige mit der Maßgabe: Klappe halten, Augen auf. Und nur mit Blicken all das sagen, was für einen Flirt erforderlich ist.

Eigentlich ist es das älteste Kommunikationsmittel der Welt: in die Augen sehen. Kein Flirtspruch, kein nach psychologischen Taktiken zusammengestelltes Outfit, kein wohltemperiertes Aufmerksamkeitsräkeln kann mit dem mithalten, was ein direkter Vier-Sekunden-Blick vermag.

Wenn nur endlich mal einer zurückgucken würde! An der Unkultur des Wegblickens hat sich sogar unsere Stadt infiziert: An dem Aufzugblick, der sich wahlweise an einem unsichtbaren Grundlinienraster am Boden orientiert oder in die Ferne driftet und konsequent am Gegenüber vorbeischrammt. Oft sehe ich Menschen, die erschrecken, wenn ihnen jemand in die Augen blickt. In ihrem Gesicht die Fragen: Was ist? Will der was? Was verkaufen? Mich vorführen? Unhold! Das kannte ich bisher nur von Hunden, die knurren, wenn ihnen das Geschaue als Revierattacke erscheint.

Hat sich die Selbstverwirklichung so zur Selbstverkapselung gewandelt, dass wir Blicken misstrauen? Sieh mich nicht so an, komm mir nicht zu nahe, lass uns chatten oder SMS schreiben, mit gesenktem Kopf parlieren, aber bloß nicht Blicke ineinandersaugen; sie könnten verschlingen und Seelen bloßlegen, sie könnten eine Verbindlichkeit herstellen, der keiner von uns traut. Ich zeig dir mein Ich nicht, was geht's dich an, und Briefmarken, Vorspeisen oder schöne Grüße lassen sich auch blickkontaktfrei bestellen. Ich seh dich nicht (an), also bist du auch nicht da.

Blicke sind die einzigen Brücken, die wir zueinander haben, wenn wir nicht völlig veröden wollen. Deshalb, ich bitte dich, Hamburg: Erhebe den Kopf. Sieh dich an. Der Sommer wird sonst so kalt.

HERZ & SCHMERZ IN HAMBURG

In Hamburg passiert es ständig, dass Sie, ja, genau Sie, als Romanfigur verwendet werden. Sie sitzen in einem Café, unterhalten sich im Kino, Sie stehen in der Schlange am Käsestand in der Herthastraße oder pinnen einen Zettel an das Schwarze Brett vom Spar-Markt. Ohne dass Sie es bemerken, geht ein Menschensammler vorbei. Registriert Frisur und Schuhe, Sprachduktus und Gewicht. Und ein Teil von Ihnen wird bei nächster Gelegenheit verkuppelt. Oder erschlagen. Alles schon passiert.

Hamburg ist die Welthauptstadt von Herz – und von Schmerz. Literarisch gesehen. Nirgends sonst sitzen und beobachten und schreiben sie so dicht an dicht, die Liebesroman-Autorinnen, die Krimischriftsteller; sie leben von dem, was sie sehen, hören, schmecken, nehmen hier ein Haus in Horn und dort die Jeans, die in braune Stiefel gesteckt werden, merken sich, wer im *Goldfisch* das rosa Hemd zurechtzupft oder in Blankenese beim Spielplatz lauter lacht, wenn ein mit dem Kind rausgeschickter Vater vorbeikommt. Die ganze Stadt ist ihre Muse, die Götter der Schreibkunst, Lunus, Nabu und Seschat, offenbar Hamburger.

Ihre Geschichten spielen in Eimsbüttel (Ildikó von Kürthy, Jo Kramer), in Redaktionen von Erotikpostillen (Steffi von Wolff), in Altonaer Kneipen (Tine Wittler), im SMS-Universum vor der Hafenkulisse (Anne Hertz), im *Café Real* der Langen Reihe (Jana Voosen), im *Elysée*-Hotel (Helga Beyersdörfer), im Grindelviertel (ja, ich habe einen Liebesroman geschrieben und stehe dazu! Meistens) oder in den wilden, weiten Herzen von verliebten, verrückten oder fantastischen Teenagern (Angela Gerrits). Jetzt könnte man sagen, typisch, die Frauen machen's in Liebe, die Kerle morden lieber. Wie Craig Russell auf dem Kiez, Gunter Gerlach in der Schanze, Holger Biedermann im Containerterminal oder Michael Koglin, dessen Lieblingsermittler ein Obdachloser ist – aber das ist nur die halbe Wahrheit. Es sind Hunderte von männlichen wie weiblichen Autoren, die morden und lieben, für Verlage, Theater, Fernsehen, Radio – vom *Tatort* bis zur *Baccara*-Romanze. Sie sind Wortbildner, die aus realen Figuren Fantasiegebilde kneten und sie hineinwerfen in Mord, Totschlag, Liebe, Hass und Diät-Alarm. Jeder kann eine Vorlage sein.

Sie auch. Passen Sie also bloß auf, was Sie sagen.

---------- ♫ ----------

LIFE IM *LIVE*: LASS ES KRACHEN IN DER SCHUHSCHACHTEL!

Janis Joplin würde hierherpassen. Sie, ihre Gibson Hummingbird und ihr letzter Song, das schroff gegen die Stimmbänder gebürstete »Mercedes Benz«-Gebet. Sie würde sich auf die kleinste Musikbühne Hamburgs stellen, an ihrem Southern Comfort nippen und Birgit hinter dem Tresen zunicken: Noch einen. In neun Sekunden wäre er da, durchgereicht von Birgits schöner Tochter Daniela – sie hat einen Mund wie Sophie Marceau und Augen, dunkel wie der Blues, den sie hier kneten –, von Männern, die ihre Harp-Kollektion wie Revolvergurte an der Hüfte tragen und ihre Fender von Strohfeuern und Liebesfiebern erzählen lassen. Und da ist Rock, natürlich. Schmutzig, laut und gefährlich, dass die Schmetterlinge im Bauch bei der Bassline hochschrecken und wie verrückt durch alle Adern pogen. Jan an den Reglern weiß, was Schmetterlinge brauchen. Knackig muss der Sound sein. Nicht kuschelig. Nix mit Chill-out-Soße und Bubblegum-Jazz für Entschleuniger. Jans Mutter macht die Kasse und lüftet zwischen den Sets durch, einen Drumstick unter die Türschwelle gestemmt. Family-Business made in Eimsbüttel.

Die Nacht wirkt schwarz gespült vor den Fenstern des *Music Club Live*, innen schwebt rauchgoldenes Licht über 42-einhalb Sitzplätzchen. Das flache Häuschen an der Fruchtallee 36 ist so groß wie drei Reihenhausgaragen, aber rockt wie 'ne Flugzeughalle. Alle reden mit allen, und jeder sagt »Hallo«. Es wird geraucht, gelacht, mitgesungen, Murphy's geordert. Wer Platz hat, tanzt, wer sitzt, wippt mit den Fersen oder der Unterlippe. Es geht nicht still. In der schallisolierten Schuhschachtel ist Magie drin. Und Punk. Swing, Jazz, Pop, Soul, Black Music und Liedermacher-Lieder. Immer live, immer handgemacht, an sechs von sieben Tagen.

Was ist heute dran? Fast egal, es gibt immer etwas zu entdecken. Hamburger Bands. Nationale Perlchen. Covergruppen. US-Importe. Anfänger und Private, die sich trauen und unter die zwanzig Musiker mischen, die an den »Open Mic«- und Bluegrass-Session-Abenden die Hütte zum Kochen bringen. Manche sind ambitioniert. Die meisten gut. Einige genial. Doch, Janis hätte sich hier wohlgefühlt; weil es so weit entfernt ist vom cleanen Pop- und MTV-Universum, es ist old school, es ist echt.

ERBTANTE FLOTTI & MUTTI EPPENDORF

Meine Muse ist ein launisches Miststück. Für einen Kerl geradezu flatterhaft: Ich nenne meine bockige Inspiration »Apollon mit den roten Lederstiefeln«, da Mister A. einst als Ressortleiter allen Musen vorstand. Mister A.s Arbeitsauffassung ist, nun ja … eigen. Nur selten lässt er sich von Dingen – wie einem hübschen Baum oder einem Hackbrötchen – beeindrucken. Nein, was mein gestiefelter Musagetes braucht, sind: Menschen.

Ob böse, nette, graugesichtige: Apollon liebt sie alle, die Niederträchtigen genauso wie die Leuchtraketen. Mister A. ist ein Gesprächsschnorrer, greift sich Worthäppchen in Bussen und Cafés ab, glotzt unmanierlich jedem nach, den er interessant findet, und zwingt mich, durch die Stadt zu schwärmen auf der Suche nach Menschenfutter (und *die* Fahrtkosten erklär mal dem Finanzamt!). Apollon geht so weit, Hamburgs Quartiere komplett zu vermenscheln und ihnen Persönlichkeiten anzudichten. Groß-Flottbek ist für ihn die »kühle Erbtante Flotti mit fernwehem Herzen«, mein Grindel der »Salonstudent Christian Mehmet Ming«, Eppendorf die »Doppelkarren-Mutti mit Magister« und das Viertel um die Bellealliancestraße der »konservative Linke mit Prostbäckchen« (Musen halten Polemik für eine Pflicht; ihre Besitzer dürfen's ausbaden). Blankenese kennt er als »die Charlodde«, die Schanze nennt er »Galão-Krawallo«, von Barmbek schwärmt er als »ehrliche Erika«. Was Mister A. allerdings als »Großmutterverkäufer«, »Aschenputtel Schuhschön« und »Fräulein Nasenpuder« bezeichnet, möchte ich lieber nicht sagen; es reicht, dass ich mit dem Kerl leben muss.

AUSSTERBENDE BÜDCHEN

Eigentlich war es ein Wunder – für eine Woche auf der Fruchtallee. Da war eine, die sich dem großen Plan der fortlaufenden Ewigkeit widersetzte. Acht Tage lang drehte die Uhr der Christuskirche die Zeit zurück. Minute um Minute, halb zwölf, halb elf, guten Morgen, es ist sechs Uhr;

eines Tages wäre sie bei null angekommen, die Welt implodiert und die Sonne guter Laune aufgegangen.

»Liebe Uhr«, flüsterte ich der Wunderlichen zu, »dreh die Zukunft um, lass die Vergangenheit noch mal Gegenwart sein, denn in einer dieser Stunden hab ich den falschen Weg genommen. Ach, bitte. Spul mich zurück!«

Die Uhr dachte nicht dran. »Leb damit!«, schienen die trotzig linksrum laufenden Zeiger zu raten, »und achte ab genau jetzt darauf, Zeit nicht einfach totzuschlagen. Du hast deine Zeit selbst umgebracht mit feigem Getue.«

Ich, eine Zeitmörderin? »Aber, Uhr …«

»Pscht, wer bist du? In meiner Prähistorie kommst du nicht vor!« Sie drehte sich rückwärts. Wahrscheinlich ist es ihr zu verdanken, dass im Umkreis von zwei Kilometern die Zeit nicht so tödlich voranschreitet. Weil sie sie heimlich zurückdreht; nicht erlaubt hat, die Vergangenheiten einzusaugen und über alles Gestrige Glas- und Chromlandschaften zu dübeln. Hier gibt es noch sperrige Kioske und winzige Ein-Frau-Lädchen, wo man sonntags zu den Brötchen eine Tüte Schrauben bekommen könnte; schmusige Altbauten, schuhschachtelgroße Wein- und Blumenstübchen und Buchläden, wo nicht erst im Computer nachgeschaut werden muss, ob ein Roman auf Lager ist; fahrende Händler, die Eier und Milch aus dem Bulli heraus verkloppen; schrullige Bars, die noch nicht verkettet wurden mit irgendeinem durchoptimierten Gastronomiekonzept. Noch. Noch gibt es diese Viefalt, aber das Sterben der Büdchen hat begonnen.

Irgendwann wird Hamburg eine einzige überdachte Mall sein, und wir sind alle Gespenster.

»Na gut«, bat ich, »aber kannst du nicht machen, dass Hamburg aufhört, sich zu vermacdonaldisieren? Ich will Artenschutz für Büdchen und Tante-Emma-Läden! Mehr als dreißig Sekunden Kundenkontakt! Ich will kleine Heimaten, jedes Viertel ein Dorf, ach bitte, halt überall die Zeit an!«

»Du spinnst«, schnarrte die Uhr. »Das kann ich nicht, ich habe keine Schuld, ihr bringt alles selbst zur Welt, Kinder ihre Mütter und Hamburger ihr Hamburg.«

»Ach, schade«, sagte ich.

ADIEU, PARIS

Paris soll also die Stadt der Liebe sein; dabei fallen mir drei Paare ein, die sich dort immer streiten. Meine Mutter lief meinem Vater barfuß durch Montmartre davon, meine Freundin S. fuhr nahezu geschieden wieder nach Hause, und mein Mann und ich gerieten in der Art-Nouveau-Brasserie »Zum Eintopf« (*Grand Bouillon*, Rue Racine) so leidenschaftlich in Zorn, dass man uns des Hauses verwies. Worum's ging? Keine Ahnung!

Der Feenstaub der Seine-Stadt funktionierte nicht; Paris entpuppte sich als das, was man Verführern nachsagt: dass sie nicht alltagstauglich sind und nicht auf ewig bereit, in dreihebigen Jamben zu säuseln.

Paris hat ein cleveres Marketing. Während Hamburg sich auf Handel, Sachlichkeit und Welttor kapriziert, macht Paris in Liebe. Und das so überzeugt, dass sich keiner traut zu kontern: »Ah, Hambourg, mon amour, komm, isch zeig dir-öh, wie der 'afen bei die Nacht glitzert wie deine Augen.«

In Paris ist Romantik durchorganisiert und zur Stangenware mutiert. Dinnerfahrten auf der Seine? Abgezirkelter Tisch, Wein exklusive, los, verliebt sein gefälligst! In Hamburg lassen sich auch ohne Emotionsmanager die Alster berudern, eine 1,85-Euro-Fährfahrt über die Elbe machen und Händchen halten, ohne dass ein berufsechauffierter Kellner »Ah, l'amour!« ins Essen quakt. Ein Kerzenlichtabendmahl in charmanter Umgebung: In den Gassen hinter Sacré-Cœur stehen die Service-Maîtres vor den Lokalen, sie kobern wie die Türsteher auf der Reeperbahn und bieten Moules-frites so verschwörerisch an wie Nackttischtanz. In Hamburg wird man wenigstens übersehen und hat seine intime Ruhe.

In Paris ist es auf den Straßen so laut, dass man seine eigenen Komplimente nicht versteht: »Ich liebe dich.« – »Waaas?« – »Schon gut.« Die Hotelzimmer sind winzig, die amouröse Stimmung geht mit der Klospülung flöten, die unmittelbar an die Bettkante grenzt.

Ganz Paris träumt zwar von der Liebe, aber so fabelhaft ist es dort nur auf Postkarten. Ach, Paris! Paris, das ist wie die Sehnsucht nach dem Charmeur, die Hoffnung in die Illusion perfekter Romantik. Paris, du Casanova, mit dir geht man gern fremd und teilt mit dir einige wenige verliebte Nächte – aber mit Hamburg ein ganzes Leben.

TIPPS FOR TRAVELLERS: THE HAMBURGER SNACKING

Sie heißt Melony, ihr Mann macht in Öl, und wir teilen uns die letzte Sitzreihe im Flieger von London. »Are you from Hamburg?«, fragt sie mit Texas-Akzent und gerät bei der zugegeben stolzen Antwort in »Oh, REALLY?!«-Laune. Es sei ihre erste Reise nach Europa und ob es stimme, dass wir keine Kühlschränke hätten? Ich kann sie beruhigen: So alt ist die Alte Welt nun auch nicht. »Und wie ist das mit dem Hamburger Snacking?« Ich vermute, sie redet über Labskaus. »No! The Snacking! Like: ›Moin, Digga, na?‹«

Äh, ja. Melony hat sich aus dem Internet ein kleines Wörterbuch zusammengestellt: »Hamburger Snacking for Travellers« – Schnacken für Reisende. Oha. Ich erfahre, dass man jemanden, den man gern mag, Digga und Alda nennen sollte, »Moin« immer und überall sagt und anstatt »Wie geht's?« nur »Na?« fragt und mit »Na?« antwortet. Denn der Hanseat muss viel arbeiten, hat für längere Gespräche und ellenlange Silben keine Zeit und spricht deshalb so sparsam, als wäre er angetrunken: »Vlurisn?« (Wie viel Uhr ist es denn?), »Schlangeda?« (Sind Sie schon lange da?). Ebenso gehöre eine Abneigung gegen den Buchstaben »k« dazu, der gegen ein »g« zu ersetzen sei, ein »t« gegen ein »d«, und dass wir auch das »r« und seine folgenden Silben wegkürzen. Melony trägt mir den Beispielsatz »Alda, wir fah'n mitm Vadda nach Bah'nfeld inne Egggneipe mit Amüsemang« sehr glücklich vor.

Für einen Augenblick stelle ich mir vor, wie sie dem Concierge ihres Hotels (das *Vier Jahreszeiten*) ein fröhliches »Moin, Digga!« zuruft. Dann siegt mein Gewissen, und ich bitte sie, das Hamburger Snacking für Oktoberfeste in Texas aufzuheben.

HELAU! PARDON: ALAAF!

»In Hamburg kannst du dich als alles outen – als Schwarzer, als Schwuler, als Liegefahrradfahrer – aber wehe, du sagst, du bist Kölner. Ein Kölner, der Karneval feiert. Dann gucken die alle … so!« Die Literaturagentin deutete auf das neutralstoische Gesicht der Schiller-Büste, die in dem italienischen Restaurant am Hafenrand einfallsreich mit einer grün-weiß-roten Girlande verziert war.

Den reinrassigen Hanseaten an sich erkennt man daran,

dass er nicht genau weiß, wann eigentlich Fasching ist. Jetzt. Genau jetzt ist Fasching, bis in die nächste Woche; Nelkensamstag, Tulpensonntag, Rosenmontag, Dienstag zum Arzt und gelben Zettel holen. Jo, worüm eijentlisch nit? Mäht doch Spa*ss*. Man erkennt den Spa*ss* daran, dass man süd-südwestlich ab Nordrhein-Westfalen keinen Gesprächspartner mehr (nüchtern) am Telefon erwischt; weder in Behörden noch in Kulturstätten, in Redaktionen nur die Notbesetzung (alles Hamburger); und wenn doch, muss man sich giggelnd vorwerfen lassen, zu diesen sssteifen Ssstockfischen des Nordens zu gehören, die Polonaise für eine verunglückte Hackfleischsoße halten. Man erkennt den Fasching auch daran, dass Frauen – sofern noch als solche zu identifizieren und nicht etwa als Burberry-Handtasche oder Erdbeerkörbchen aufgerüscht – lüstern mit Nagelscheren durch die Büroflure streifen und sich im Pulk auf einen Krawattenträger stürzen, um ihm unter Gejohle den Binder knapp unter dem Windsor zu kappen. Nehmen Sie dies nicht persönlich, es könnte ja weitaus schlimmer kommen. Und da wäre noch der Sturm der Frauen an Weiberfastnacht aufs Rathaus – Kussfreiheit und Duz-Pflicht für alle. Höhepunkt: das unkontrollierte Umarmen singender Fremder, die einem beherzt das Bier übers Kostüm schütten. »Superjeile Zick!« (Übersetzung Kölsch – Hamburgisch: »In der Tat, welch schöne Zeit« oder auch: »Sie Köln uns mal«). Allerdings werden Sie von dem gepflegten Irrsinn in Hamburg nicht viel mitkriegen, es sei denn, Sie klemmen sich hochkant zwischen die Jecken vom *Hühner-*

posten, *Parlament* oder *LiLaBe*, die des Nordens Frohsinnsruf retten. Falls Sie sich entschließen sollten, Ihre Scheu gegenüber Maskerade abzulegen, hier eine kleine Warnung: Die Verkleidung verrät mehr über Sie als das Gesicht des Alltags, mit dem wir alles zeigen, nur nicht zu viel Wahrheit. Und vielleicht ist das der Grund, warum Hamburg ungern närrisch wird – es brauchen ja nicht alle zu sehen, dass man tief im Herzen doch ein Schurke ist, ein Pirat, eine Prinzessin oder ein kleines bisschen Pompadour.

Oh, wie schwer ist es doch, als »Ich« zu gehen! Da hilft wirklich nur ein Meter Kölsch. Gaudeo, ergo sum.

NICHT MIT UND NICHT OHNE

Wenn sie sich lieben, dann gehen sie barfuß durch Planten un Blomen und sehen den Wasserspielen küssend unter halb geschlossenen Lidern zu, mieten sich ein Tageszimmer (Codewort für Rückzugsräume bis 17 Uhr, bei dem der Concierge Bescheid weiß, aber nie einen Befindlichkeitsmuskel zucken lässt) im nächstbesten Hotel und übergeben sich mit großer Geste die Schlüssel zu ihren Wohnungen.

Wenn sie sich hassen, werden die Schlüssel mit dramatischem Wurf in den Wallgraben versenkt, die Telefonnummern demonstrativ gelöscht und die Trennung mit der höchsten Bereitschaft zum halb öffentlichen Leiden zelebriert. Zum Beispiel während der »Nacht der Medien« auf dem Süllberg: Während alles tanzt und lacht und trinkt und guckt, ob wer guckt, zischt sich das Paar Fehdesätze zu, »du«, »nie« und »immer « kommen darin häufig vor.

Für immer ist diese Trennung nie. In irgendeiner Nacht wird sich das Paar erneut ineinanderklammern wie Verdurstende, die nur die Beschwörung retten kann, füreinander geschaffen zu sein. Trotz allem. Oder wegen allem, um genau zu sein. On-off-Beziehung nennen Psychologen dieses Spiel von Hau-ab und Halt-mich, das Pingpong-Roulette – alles nur schwarz oder rot –, das im grellfarblosen Liebeszirkus der VIPs auch eine bestens mit Herzblut und Tränen geölte PR-Maschine ist. Erst die Trennung macht die Liebe macht die Trennung, es geht Dutzende Male, oder warum sind Kate Moss und Pete Doherty wohl zusammen (oder grad nicht), oder mein anonymes Paar?

Es funktioniert, weil es nicht funktioniert. Zwischen zweien, die es brauchen, umkämpft zu werden, denen Ende und Anfang mehr bedeuten als der Mittelteil, in dem man sich vor der Leih-DVD anschweigt und weiß, dass der andere auf dem Klo Kempowski liest. Lieber leiden als leise lieben, das Leben ist zu kurz für lauwarm, also geh und lass mich die Einzige sein, die dich vermisst.

Wie haltet ihr das aus?, fragen jene, denen *ein* Ja oder *ein* Nein genügt: Wie viele Trennungen und Versöhnungen? Wie finanziert ihr die Hotels, die neuen Schlüssel, die aus der Zarge zorngeschlagenen Türen, wenn ihr euch in das Schwert aus dünnem Eis stürzt?

Gar nicht. Aber anders geht es nicht, es ist das sisyphosische Glück im Schmerz.

KREUZFAHRT NACH WINTERHUDE

»Ein Truthahn. Wie wäre es mit einem Truthahn?«

»An dem er sich überfrisst, der Knochen bleibt ihm quer im feisten Hals stecken, und …«

»Nein. Er fällt ihm auf den Kopf. Elf Kilo tiefgefrorener Truthahn. Aus dem dreizehnten Stock, zack, und die Sache ist erledigt. Kann kein Mensch nachweisen, dass das extra war.«

»Herr Hansen ist Vegetarier. Und wieso soll der vor einem Hochhaus rumstehen?«

»Das ist ja nun wirklich *deine* Aufgabe, ihn dahin zu bekommen. Ich meine, DU willst diesen Steuerprüfer umbringen, ich helf dir ja nur.«

Ich hatte die Siebzehn-fünfzehn-Fähre *MS Susebek* am frisch sanierten Jungfernstieg zu einer Alster-Touristik-Kreuzfahrt durch die Kanäle bestiegen. »Dämmertörn«, das vermutlich Romantischste, was ein Paar in Hamburg an lauen Frühsommerabenden tun kann.

Das Pärchen neben mir aß Hering in Tomatensoße auf Graubrot.

»Wie wäre es mit einem tiefgefrorenen Matjes, wenn er Vegetarier ist?«, sagte der Mann.

»Ich lasse ihn schlachten«, antwortete sie. »In der Hackbratenfabrik.«

»Hack ist immer Vertrauenssache«, murmelte der Mann. »Wie wäre es mit 'nem Matjes, der wie Zarah Leander aussieht und singt: ›Ich weiß, es wird einmal ein Wunder geschehn‹?«

»Damit der Hansen sich totlacht?«

Ich genoss den Blick auf das Komödientheater. Das Winterhuder Fährhaus. Wie anders Hamburg von hinten aussieht! Es heißt, jeder Hamburger muss einmal täglich viel Wasser sehen, sonst wird er komisch.

»Ein Schuss, ein Schrei, schon ist es vorbei. Wie bei Karl May.«

»Nee … nicht mal mehr auf dem Kiez kann man sich problemlos eine Pistole besorgen, da waren die Zeiten früher besser!«

»Und das Gras weicher.«

Die *MS Susebek* streifte an Ufern vorbei, die mich an Mary Kingsleys Reisebeschreibungen des Niger und seiner »grünen Mauern« erinnerten; an Gärten, die einsam waren, an anderen, die mit ihrer Wildheit bezauberten. Fensteräugig lächelnde Villen, Glasveranden. Schrebergärten. Winkende Kanuten, lachende Im-Kreis-Tretbootfahrer. Hatte denn jedes Haus an den Kanälen einen eigenen Hafen? Tortuga liegt an Hamburgs Grachten. Seefahrer und Piratinnen nach hinten, nach vorne Kaufmänner und getarnte Eisenten. Auf Stegen maunzten Katzen, baumelten Seelen nebst Füßen. Schiffe lagen auf dem Bauch im Rasen oder rücklings im glucksend-heiteren Wasser. Leises Lachen umkränzte ein Lagerfeuer. Gardinenlose Fenster verlockten zum Spionieren. Der Himmel rosarot. Das Pärchen war endlich still und staunte verliebt. Ich weiß wirklich nicht, ob ich diese Krimiautoren noch mal mit auf Kreuzfahrt nehme, die denken immer nur an das eine.

WAHRHEIT IN DOSEN

In Hamburg ist es schwer, wegzuhören. Man ertappt wildfremde Leute, wie sie ins Telefon lügen, dass sie im Büro seien, während sie ihre Zehen in der Alster baden; oder hört mit, wenn zwei Frauen den unsichtbaren dritten Mann analysieren, seine Gesten, SMS, tragische Kindheitserlebnisse wie den Verlust seines Panini-Albums – nur um so zu erklären, warum er nicht anruft.

Vielleicht lag es daran, dass meine Bekannte B. und ich an diesem Mittwoch auf Krawall gebürstet waren, als wir die feine Grenze überschritten. Die »Misch dich nicht ein, auch wenn es so klar ist, warum der Panini-Typ nicht anruft: Er hat keinen Bock«-Grenze.

Wir waren in Angry-Young-Men-Stimmung, die entsteht, wenn man es leid ist, ein kompromissgebremstes Lebensho(h)logramm zu führen; zu viele Menschen in der Europa-Passage, der Pianist im *Punto Medio*, der zu laut und zu schnell durch die Jazzklassiker hetzte, Rauchverbot. Außerdem hatte ich Hunger und war durch diesen Umstand auf das evolutionäre Frühstadium eines atavistischen Raubtiers zurückgeworfen, dessen Ziel im Überleben lag, nicht im Einhalten simpler Regeln wie: Halt die Klappe und geh wählen!

Hinter uns nahm ein Paar Platz; er begann einen intimen Rechtfertigungsmonolog mit den Worten »Ich verstehe dich ja, aber …« Die einzige Chance, wegzuhören, wäre der Sprung über die Balkonbrüstung gewesen. Grob gefasst ging es darum, dass er sich nicht zwischen ihr und der Gattin entscheiden können wolle und dass er sie – die Geliebte – nicht in der Chemo besucht habe, weil er sich in seiner Entscheidung beeinflusst gefühlt hätte, und: »Du musst mich auch verstehen, ich wollte ja, aber konnte nicht.«

Wir warteten vergeblich auf den Knall einer Ohrfeige. B. und ich sahen auf den Ballindamm hinab. »Glaubst du, es ist hoch genug?«, fragte sie; ich fragte die Geliebte, ob es nicht an der Zeit sei, diese Schlickgrube voller Bullshit hinter sich zu lassen. Doch man sah es ihr an: Sie hatte seine Worte schon im Geist weich gespült und so hingedreht, dass nur einer schuld war an seinem Kummer, nämlich sie. »Habe ich Sie gefragt?«, sagte sie und küsste ihn demonstrativ.

»Putzi«, sagte B. später, als ich mich fertig fremdgeschämt hatte, »die Wahrheit ist das Gegengift zur Hoffnung, aber wie jedes Gift nur in kleinen Dosen zumutbar.« Endlich kam mein Essen.

LIEBE AUF DEN ZWEITEN BLICK

Die Rivalität zwischen Hamburg und Berlin hat Tradition. Beide wollen sie Weltstadt und Kuschelheimat zugleich sein, messen sich in Kultur, Lebensstil und Aussehen – wie Diven, die darum rangeln, wer sich den Platz am Altar aussuchen darf. Wie das ausgehen kann, hat die Nibelungensage ausreichend beschrieben. Und wenn ein Berliner Hamburg besucht (oder umgekehrt), hat er auch die kleine Absicht, Ärger zu machen – es wird sich schon was finden, worin seine Stadt »besser« ist! Darauf gefasst, von meinem Berliner Freund M. bei seinem ersten Hamburg-Besuch »fast«-Sätze zu hören wie »Eure Schanze ist fast so cool wie Kreuzberg«, »Der Falafel schmeckt fast so gut wie am Winterfeldtplatz« oder »Eure Frauen sind fast so schön wie …«, holte ich ihn vom Dammtor ab. Mein Revolvergurt war nicht zu sehen, aber die Patronen waren scharf, die ich bei einem unhöflichen Wort zünden würde. M. hielt die Elbdiva bisher für eine kalte Zicke, in der sich architektonische Bausünden über schnöselige Cliquen wölben.

»Wow!«, war das Erste aus seinem Mund – »Euer Himmel ist gewaltig!« Er hatte mich nahezu entwaffnet. Als ob ich was dafürkönnte, dass Hamburg schön ist, zeigte ich ihm meine Lieblingsstellen. »Hier ist es aber sauber«, fiel ihm in der U-Bahn auf, und: »Irgendwie ist in Hamburg alles echt«, als wir im Univiertel bei einem Dürüm-Döner saßen und er die Menschen beobachtete. »In Berlin posen die meisten Extravaganz. Hier sind alle selbstverständlicher. Wer schräg ist, *ist* schräg und tut nicht nur so.« Ich musste ihn knutschen. Wir gingen um die Alster, saßen am Jungfernstieg und schauten den Skateboardjungs zu, liefen durch die Hafencity, ich schleifte ihn von Winterhude nach Altona und querdurch, denn nur zu Fuß ist man wirklich in Hamburg.

Als ich ihn Tage später zum Bahnhof brachte, fragte ich, was ihm gefallen habe. Er überlegte keine Sekunde.

»In Berlin ist vieles trendy und ›in‹. Aber nur kurz. In Hamburg macht ihr Trends auf Jahrzehnte, und ihr steht auf das, was drin ist. Nicht, was ›in‹ ist. Wir haben Herz, aber ihr habt die größere Toleranz. Und den besseren Kaffee. Ihr seid straight und handelt, anstatt zu quatschen.« Er lächelte. »Ich werde dieses Gefühl, mich frei und akzeptiert zu fühlen, Hamburger Tage nennen.«

Ich hoffe, er erzählt Berlin davon.

SCHULE DES CHARMES

Kennen Sie das? Eben fand man die neue Bekanntschaft noch ganz zauberhaft. Smart, sexy, und wie er gucken kann – wow! Das Rendezvous läuft gut.

Dann kommt der Rosenverkäufer. Und die Bekanntschaft wimmelt ihn ab: »Verkauf deinen Abfall woanders« oder ähnlich gutsherrische Phrasen. Getoppt vom abfälligen Kräuselmund und der Erwartung des Lobs, weil er mich vorm Blumenterroristen schützte. Oder vor dem *Hinz & Kunzt*-Mann. Oder vor dem heimatlosen Punker an der Ecke. Mit allen geht er um, als seien es Betawesen.

In dem Moment ist bei mir alles aus. Da kann er noch so sexy gucken und Komplimente injizieren, ich kann ihn nicht mehr toll finden. Nein, er hätte nicht den ganzen Strauß der elegisch wippenden Rosen kaufen müssen – aber ein »Nein, danke« und ein Lächeln sind doch keine Fremdsprache!

Muss ich weiter wüten? Mir ist danach. Himmel, wirf Respekt statt Regen runter! Und dazu eine Fuhre Gentlemen, die eine Lady in kurzem Fummel im Taxi nicht durchrutschen lassen, weil's praktischer für ihn ist. Die sich den Mund beim Gähnen zuhalten und bei Bestellungen mehr als in vereinzelten Silben reden (»Bier!«). Die Türaufhalten und der Beifahrerin eigenschlüsselig zu öffnen, trotz Fernbedienung, nicht als Verlust ihrer Potenz fürchten. Die im

Spar-Markt »Darf ich mal vorbei?« sagen, statt mir den Wagen in die Pumps zu stemmen! Die an der Garderobe nicht vordrängeln und sich beschweren, wenn man sie ertappt (»Blöde Gans!« ist die Lieblingsreplik, gefolgt von »Blöde Zicke!«). All das gibt's auch in der weiblichen Innung. Die murmeln: »Blöde Kuh!«

Jemine!, ich hör mich spießig und wehleidig an. Dabei bin ich noch so jung und wollte heute über Pralinen und andere Devotionalien schreiben, mit denen Männer beim Date punkten können! Dann kam der Rosenmann, und alle Pralinen hätten nichts geholfen.

Ich denke, wir alle wollen das Leben mit Menschen verbringen, die unter Respekt nicht nur das verstehen, was sie für sich fordern. Vielleicht ist sogar das Punkten beim Kennenlernen noch einfacher: Keine gelernten Flirtsprüche, keine geschniegelte Schönheit, das macht ja Angst, und kein falsch verstandendes Alphaverhalten (siehe oben). Sondern Charme, der das Gegenüber mehr bewundert als sich selbst.

ZWEI MINUTEN IM KUNSTRAUM

Ich teile den Menschenstrom auf der Reesendammbrücke mit einem einzigen Schritt. Touristen, Shopper, Geschäftsleute. Dann bin ich drin. Stehe im Weg. Irritierte Blicke.

Was macht die denn da? Ich trete Kunst mit Füßen. Aber das muss so sein.

Die Stahlbodenplatte, über die Flaneure hinweggehen, ohne das Angebot, sich entrücken zu lassen, zu bemerken, misst 1,80 mal 1,80 Meter. Nur ein Begriff ist diskret in den Stahl graviert: RAUM. Es ist einer von »Sieben Orten für Hamburg«, die 1989 von Franz Erhard Walther an sieben Schau-Plätzen installiert worden sind. ZEIT am Ufersaum der Lombardsbrücke. KOERPER in der Altstädter Straße. RAUM ist mir der liebste. Er wird mir zum Schau-Raum. Um mich herum, in mich hinein. Das ist meine Stadt, mein Zuhause, hier lebe ich. Lebe ich, wie ich es will? Er verführt mich, albern zu sein, Ansprachen zu halten, mich zu verbeugen. Spielraum. Er nimmt mir die Brille der Gewöhnung und Gleichgültigkeit ab. Lebensraum. Die Welt wird mir wieder lieb. Ich sehe nicht mehr nur Leute, sondern Menschen. Mit frisch gewischtem Blick sehe ich auf einmal überall Kunst, die aus einem Winkel der Stadtarchitektur herausspäht und mich herausfordert. Poetische Botschaften wie »An den See, auf dem See, von dem See …« (Na? An welcher Wand?), andere in U-Bahn-Rolltreppen. Der orangefarbene Schriftzug WALLFAHRT über den Tunneleinfahrten am Glockengießerwall oder die knallgelbe Leuchtschrift »die eigene GESCHICHTE«, die von der S-Bahn aus neben dem Hauptbahnhof zu sehen ist und jedem Reisenden eine kleine Denkbombe mitgibt. Das Synagogenmosaik im Grindel. Im Schatten hoher Bäume duckende Skulpturen.

Das Ergreifende an diesen oft übersehenen Kunstwerken ist, dass ihre Wirkung unberechenbar ist. Kunst widersetzt sich Kosten-Nutzen-Analysen, das macht sie der Liebe so ähnlich – und so kostbar.

C'EST À HAMBOURG

Die es besser wissen, kommen erst nach elf zum Frühstück, ordern bei Yves oder Nicolas an der Theke »Espresso Haiti sud«, ein Croissant oder einen »Armen Ritter«, lesen *Abendblatt* oder *Le Monde* und verschwinden vor 12.30 Uhr. Bevor die französisch chicen Servicedamen diese spitzen Augen machen und die Serviceherren sich von zwinkernden Gesprächspartnern in eisenharte Maîtres verwandeln, die ohne Reservierung »wenig Möglichkeiten« für ein *plat du jour* sehen. Aber natürlich dann doch eine finden. An einem der unattraktiveren Tische mitten im Raum oder an einem der geliebten Aussichtstische an der Wand, auf der grünen Ledersitzbank, die sich an den Fliesen der ehemaligen Jugendstil-Schlachterei entlangzieht. Wer sich in Zimmerlautstärke unterhalten will, den zieht es eher nach nebenan in den kühlen Salon oder nach oben in die diskrete Beletage. Aber der beste Platz ist stets an der Bar – dicht bei den Getränken –, vorne im Fenster oder an der Wand vor der Säule, um alles zu sehen, was wichtig ist. Oder schön. Oder einfach nur: lebendig. Ja, hierher kommt, wer dem Tod der Einsamkeit entfliehen will, dem leisen Sterben der Seele, die sich manchmal fragt: Lebe ich, oder geht nur die Zeit vorbei?

Und dann sitzt der Wanderer da, im französischsten Stück Saint-Germain außerhalb Frankreichs, dem *Café Paris*, Rathausstraße 4, 20095 Hamburg. Das Französische daran ist diese aufreizende Mischung von Charme und Ignoranz, von Intensität und Gleichgültigkeit, von Genusssucht und Geschäftigkeit, eben so, wie es nur Franzosen – oder besser: Pariser – hinbekommen. Dabei ist Besitzer Thomas Pinçon in Saint-Malo am Atlantik geboren, Sohn eines Kochschulbesitzers, mon Dieu! Er eröffnete das *Café Paris* erst im Jahr 2000, und doch scheint es, als wäre es schon immer da gewesen. Das Café und seine Gäste – die Frauen, die nur wegen der Männer da sind (an und hinter der Bar), die Handelsbörsianer und die, die nach dem Theater kommen oder vom Shoppen, vom Träumen; die Touristen (Amerikaner!), die Journalisten und die, die noch alles werden wollen, bekannt und elegant und so selbstzufrieden, wie es sogar jedes Cornichon im Tontopf im *Café Paris* zu sein scheint.

Es gibt Leute, die hassen diesen Ort, sein aufreizendes Selbstbewusstsein, seine nonchalente Lässigkeit (Kippen auf das Trottoir werfen, Butter aus dem Kühlschrank, Leitungswasser für zwei Euro), die Lautstärke. Andere lieben es, das Tatar am Tisch, die Hitze der *bol de café*-Schalen, das am Abend stetig dunkler werdende Lampenlicht, in dem Frauen bekanntlich nur noch mehr strahlen. »C'est à Hambourg«, wie Edith Piaf sang, »In Hamburg, bei verhangener Sicht, / Wenn träge Wolken ziehen vorbei / und schwere Kähne unten am Kai, / steht Langeweile in jedem Gesicht. / In Hamburg oder irgendwo, / Wenn Sehnsucht frisst die Seelen an / Und Liebe wünscht sich jedermann, / Dann mache ich ihre Herzen froh …«

DAS HVV-FLIRTKARUSSEL

Er war vierunddreißig und sie ein bisschen älter, hatte kurze blonde Haare und wusste eine Menge Dinge, von denen er keine Ahnung hatte. Aber das ahnten beide nicht, als sie am 16. August fast auf dem Bahnsteig zusammenstießen. Morgens halb neun, beim Umwälzen von circa 693 von täglich 1,95 Millionen Pendlern des HVV auf dem Mittelsteig Kellinghusenstraße, er kam aus der U1 und wollte in die U3, sie andersherum. Die Sonne blitzte auf, betupfte seine Augen, er sah sie an, sie ihn – für eine Sekunde waren sie allein auf der Welt, keiner blieb stehen, und beide spürten: Das eben. Das wäre es gewesen. Die Liebe. Dann schlossen sich die Türen.

Fortan fuhr er täglich im selben Waggon, zur selben Zeit, und immer machte er sich zurecht und übte »Hallo« vor dem Spiegel. Manchmal wartete er so lange auf dem Steig auf eine U3 nach der anderen, bis er zu spät zur Arbeit kam. Aber: Nichts.

Die Liebe kommt nie pünktlich nach Fahrplan, geschweige denn, wenn man rausgeputzt an einem schicken Tresen lehnt. Manche behaupten, Liebe wäre eh nur Zufall und würde die Beteiligten unbeabsichtigt zusammenwürfeln. Ich sage: Zufall ist das Ergebnis der eigenen Handlungen. Dem Zufall eine Chance heißt, der Lebensliebe einen roten Teppich auszurollen, und alles, was man dafür in Hamburg investieren muss, sind 1,85 Euro. Oder 5,60 Euro, will man für einen ganzen Tag im Großbereich einsteigen ins HVV-Flirtroulette. Ein Blick, noch ein Blick, ein scheues Lächeln, ein erster Satz – nicht gerade »Fahren Sie auch mit dieser U-Bahn?«, aber ich sag mal: Die Liebe des Lebens darf sagen, was sie will, auch »Sie stehen auf meinem Fuß«.

Die U3 ist die inspirierendste Strecke; unterwegs lässt sich in Eppendorfer Akademikerhaushalte spicken, das Wasser am Hafen glitzern sehen, Winterhuder Kanalgärten betrachten. Freitagnachts hat die S1 ihren Charme; alles unter fünfundzwanzig dürfte hier ein unterweltliches Flirtparadies auf Rädern erfahren. Und von Norderstedt bis Ohlstedt mit der U1 bekommt man einen faszinierenden Gesamteindruck der Hamburger Gesichter. Ob eines davon sehnsüchtig nach Ihnen Ausschau hält, ohne zu wissen, wie Sie aussehen?

Nach vier Wochen traf er sie übrigens wieder, im Kino. Sie sagte »Hallo« – und blieb in seinem Leben.

AUFSTIEGSCHANCEN

Im realitätsverhütenden Fernsehgeschäft hieße es, wenn ein Drehbuchautor mit der Idee kommt, dass sein tief vereinsamter Held durch Hamburg streift, auf der Suche nach einem Ort, an dem er sich weniger allein fühlt und wo er aus dem Anblick der Stadt trinkt: »Einsam sein ist nicht stark genug.«

Nein, es muss Rache sein, Geld, eine dem Tod weihende Krankheit, die sich im dritten Akt als Irrtum entpuppt – »Oder wie wär *das*«, sagt der einundzwanzigjährige Jungredakteur, »er ist der tote Goethe, und er sucht jemanden, in dem er sich wiedergebiert, ein Busenwunder, hat die und die da nicht neulich was dran machen lassen?« – oder ähnlich Ballaststoffarmes. Etwas Sichtbares. Das Unsichtbare, das in der real existierenden Seele Verborgene, wie Einsamkeit, finden Fernsehleute doof.

Einsamkeit. Es gibt eine Medizin dagegen, die – vielleicht! – nicht in Bilder übersetzt werden kann; nämlich jener Moment, wenn sich die Einsamkeit entkrampft und zwei Menschen beim selben Anblick dasselbe fühlen. Und die Chemie funkt ohne ein Wort: Wir tun gerade das Unmögliche – wir teilen Unteilbares.

Es gibt in Hamburg etwa achtzehn Orte, an denen offenbar wird, ob zwei das Unteilbare sehen können: Zur blauen Stunde in der Smokers Lounge im *InterConti*. Die Alster ein blauer Teppich, die Lampen der Stadt Morsezeichen eines pulsierenden Organismus. Welche Anmut! Das Puppenmuseum Falkenstein an einem frisch geputzten Tag – der Elbstrom, ist das Leben nicht wie ein Fluss, der nicht weiß, wohin es geht, aber wohl sehr, dass er diese Reise machen muss? Mitternacht neben dem *König der Löwen*-Zelt, es ist verboten, aber der Anblick der romantischste von allen, sag ein Wort und ich schmeiß dich ins Hafenbecken. Das *Empire Riverside*, zwanzigster Stock, bist du bereit, dass alles klein und ameisig wird, und wir sind Engel, die nichts dagegen tun können? Komm, lass uns zu der Brücke gehen, die sich grazil zum Tropenhaus spannt, hier schlägt Hamburgs kühnes, grünes Herz, und wusstest du, dass die meisten Opern kein Happy End haben? Nein? Dann lass uns schauen, wie Hamburg aus einer Suite im sechsten Stock des *Vier Jahreszeiten* aussieht. Viel mehr nach italienischer Arie als von gegenüber aus der Europa-Passage. Alles ist anders, als man denkt, dass es sei, wenn man zu zweit über den Horizont hinaussieht. Siehst du, wie das Licht das Wasser küsst? Und jetzt – küss mich.

KRANLANDSCHAFT

Ich muss an Kühe denken, wenn ich sie sehe. Alle schauen in dieselbe Richtung. Wie Milchgetier auf einer Weide am Abhang. Ich zähle sie jeden Tag, und manchmal schaue ich auch nachts, ob sie noch da sind. Monströse, ausgeweidete Riesenstörche, ein langes Bein, ein halb fertiger Schnabel, sie wachsen in den Himmel und zerschneiden das Blau.

Die Krane. Manche sagen »Kräne«, ich lieber »Krane«, weil sie wie ein Schwarm Kraniche, in einer Zeitfalte gefangen, über der Stadt schweben. Oder wie hopsende Mopse. Mich gruselt's, wenn ich mir vorstelle, sie gucken uns zu und finden unsere Kleinglückssucherei so possierlich, wie Kühe einen Schmetterling auf der Butterblume possierlich finden. Schnapp, wird er gefressen, Kuh freut sich.

Von meinem Küchenfenster aus sehe ich seit 2004 über Planten un Blomen, Postkartenansicht, sieben Turmspitzen, am Michel hinter den Messehallen kann ich die Uhr ablesen. In den Fenstern des Unilever-Hochhauses, das heute Emporio-Haus heißt, sah ich das Echo der verglühenden, knallorangen Sonne. Kontemplative Stadtansicht. Auch an die demonstrativ dramatische Musical-Beleuchtung des *Empire Riverside* habe ich mich gewöhnt.

Aber jetzt bäumen sich über allem die Kraniche auf. Verdrängen jedes andere Bauwerk von seiner Vorherrschaft als Blickfänger. Vorboten der Veränderung. Veränderung – das, was alle erhoffen, obgleich sie es so fürchten. Die Krane heißen Derrick. Nicht wie der Inspektor mit der Leidenschaft fürs Mittelmaß. Sondern wie der Henker Thomas Derrick aus Tyburn, einem längst eingestampften Dörfchen unter der heutigen Oxford Street in London. Tyburn war der Mallorca-Ballermann des Spätmittelalters, die Pilgerstätte der Exekutionstouristen, aus Eimern konnte man auch trinken. Derrick erfand ein Galgenmastgerüst, an dem er aufknüpfte, fragen Sie nicht, wieso; aber irgendwie ging die Sache dann kundenfreundlicher. Seine Konstruktion war der Prototyp jener Stahlkraniche, die nach ihrem Abflug ein verändertes Hamburg hinterlassen werden.

Ein neues Hamburg. Da werden Menschen hingehen, um ihren Platz zu suchen, an dem sie ihr kleines Glück finden. Da wird es eine neue Welt geben. Eine klingende, eine hafengetränkte, eine wie frisch aus Zellophan gepellte Welt. Ihr beim Wachsen zuzusehen ist unheimlich.

Und unheimlich schön.

FLIRTFAKTOR KIND

»Mausi, pack den Besteckkoffer, wir ziehen nach Wattenscheid, ich hab deinen Job gekündigt und werde deine Erbschaft für die Umzugskosten einsetzen.« Ja, Herzblatt, hätte die Ehefrau in den Fünfzigerjahren gesagt. Und auf den 18. Juni 1957 gewartet, als der Gehorsamsparagraf 1354 abgeschafft wurde. Erst da wurde im BGB der Satz anerkannt: Männer und Frauen sind gleichberechtigt. Schockierend! Würde das Abendland das überleben? Urheberin dieses schlichten Satzes: Anwältin Elisabeth Selbert (1896–1986). Dass es noch zwanzig Jahre dauerte, bis Ehefrauen nicht mehr per Gesetz zur Haushaltsführung verpflichtet waren, ist eine andere peinliche Fußnote in der Historie.

Gut, Schwamm drüber vorerst. Heben wir am 18. Juni das Glas auf Elisabeth – und auf Hamburgs neue Männer. Denn so zickig und gleichberechtigungsrenitent, wie es von ihnen gern global behauptet wird, sind sie nicht. Ich sehe immer mehr Väter – als noch vor zehn Jahren –, die sich das Recht herausnehmen, einen Kinderwagen zu schieben. Ohne zu befürchten, ihnen würde deswegen gleich der Schniepel abfallen. Wer ihnen mit mitleidig verzogenem Tabaksbeutelgesicht ein Tussi-Image vorwirft, dem werfen sie hin: Trau du dich erst mal, überhaupt eine Entscheidung im Leben zu treffen, du Poser, dann reden wir weiter über deine kastrationsängstliche Kinderkarren-Phobie. Sie diskutieren schamfrei darüber, dass der *Balzac* am Eppendorfer Martkplatz rauchfrei ist und prima Kinderwagenparkplätze hat oder wie viele Sekunden sie brauchen, um einen Babybomber auf Bananengröße zusammenzuklappen. Sie haben keine Angst, wegen eines Kindes an der Hand fürs weibliche Geschlecht unsichtbar zu sein und für das männliche ein weich gespülter Volltrottel.

Sie sind einfach Mann – und Vater. Die kleine Sensation: Das Gerede um Zeugungsstreik und angebliche Angst, vom Weibe in die Spül- und Spielecke abgestellt zu werden, oder um den Drang, sich lieber im Büro zu verstecken, als sich dem Säugling daheim zu stellen – das wischen sie weg wie Schnodder unter der Nase ihres Schützlings.

Hoffentlich ist das ansteckend, diese neue Lust am Vatersein. Für alle, die noch nicht überzeugt sind: Ein Kind auf dem (Männer-)Arm ist der bessere Flirtfaktor als jeder Waschbrettbauch!

SAG MIR, WAS DU FÄHRST

»Sylt-Manta«, zischt meine Begleitung, als ein Porsche-Geländewagen auf der Hochallee wendet und fast einen Radler um ein Ohr erleichtert; wir sitzen auf zwei Klappstühlen an der Ecke Hansastraße und arbeiten an Klischees.

»Sag mir, was du fährst, und ich sag dir, was wir über dich denken« heißt das Projekt, und es geht so: Ein Auto fährt vorbei, und jeder der Studienteilnehmer muss sofort ein Vorurteil generieren. Volvo-Kombi: Er ist Akademiker, sie in der Werbung, wohnhaft in Eppendorf, das erste Kind kommt, sie betrügt ihn, weil sie keine Lust mehr hat, für Elternabende Philadelphia-Kuchen zu backen. Saab 900: Architekt oder Texter, keiner Frau treu außer Mutti. Alfa Romeo: als Alpha-Romeo ein Erbe Casanovas. Citroën: Künstler mit Schulden. Mercedes: konservativ, altes Geld, hält Emanzipation für ein Gerücht. BMW: neues Geld, will auffallen, aber bloß nicht zu sehr. Twingo: Single-Lady, telefoniert und zieht den Lippenstift gleichzeitig an jeder roten Ampel nach.

Natürlich wissen wir, dass ein Vorurteil mehr über den verrät, der es hat, als über jenen, über den es ungefragt hereinbricht. Doch bevor wir uns unserer Pkw-Plattitüden schämen können, kommen die Indianer: In zweiter bis dritter Reihe rudeln sich gegenüber hochbeinige Kraftprotze mit dicken Puschen, die jeden noch so renitenten Bürgersteig disziplinieren; mit Modellnamen, die sich nach Winnetous Cousins anhören, nach Taiga, Freiheit, Survival-Folklore. Touareg, Cayenne, X-Trail, Cherokee; trotzig, bullig, teuer. Und dann werden die Kinder aus dem Garten abgeholt, zarte Damen rangieren den XXL-Einkaufswagen angespannt auf den Asphalt-Laufsteg. Als ob ihnen ein Smart jetzt lieber wäre, aber leider bestand der Gatte auf dem testosteronbetriebenen Offroader, wegen der Sicherheit auf Kopfsteinpflastern und so (und weil er freiwillig nie in eine Puderdose steigen würde).

Unsere Klischeemaschinerie arbeitet hochtourig, wir dichten den SUV-Fahrern alles an, vom Golftrainerverhältnis in Falkenstein über das verklappte Leben im Philippe-Starck-Käfig bis hin zum Neandertaler-Trieb, der sie dazu bringt, sich in höhlenartigen Autos zu verschanzen, um nicht zu viel von der Realität mitzukriegen.

Als zufällig »mein« Wagenmodell vorbeischnurrt, sagt mein Studienpartner: »Von-und-zu-Snob um die sechzig, Golflackel, macht in Schweinehälften.« Wie kann man nur solche Vorurteile haben!

EMOTIONALES NAVI

Nein, ich habe kein Navi, und ich will auch keins. Nicht mal, wenn der Synchronsprecher von Bruce Willis mit seiner Bettstimme gestöhnte Verkehrsbefehle aus dem GPS-Automaten stößt (»Wer fährt diese besch... Karre, Stevie Wonder?«), um mich vor dem Einbahnstraßensalat Ottensens oder der mäandernden Straßenführung der Hafencity zu bewahren. Ich würde überhaupt nicht mehr vom rechten Weg abkommen.

Welch erschreckende Vorstellung!

Dass mir jemand Fremdes sagt, wo's langgeht, behagt mir seit der Einschulung sowieso nicht; ganz gleich ob mit der Stimmenimitation von Reich-Ranicki (»Walser wäre hier links gefahren, ich rate davon entschieden ab«) oder einer 0190-Domina (»Fahr rechts, Miststück!«): Ich mag mir nicht von einem dahergeflogenen Satelliten all die ungegangenen, verwucherten, verbotenen Pfade abseits des ferngesteuerten Seins, in deren Winkeln ich doch oft das fand, was der Reise Zauber war, vermiesen lassen.

Mein innerer Kompass interessiert sich eh wenig für Ziele, eher für die Route – Reisen geht vor Ankommen. Hinein nach Hamburg fahre ich zum Beispiel stets über die Elbbrücken, nie durch den Tunnel, auch wenn ich damit aus Bremer Richtung einen Umweg mache. Tante Navi hasst Umwege. Sie liebt das Praktische, Emotionen hält sie für eine fahrlässige Verkehrsbehinderung.

Sie sieht auch nicht, wie sich die Silhouette der Stadt aus dem Blau von Himmel und Wasser schält; Hafen, Schiffe, Michel, Fernsehturm: Ausatmen, da ist es, das Zuhause, ich liebe es, obgleich ich es inzwischen zu gut kenne.

Diese Brückenmarotte teile ich zum Glück mit vielen Hamburgern – schöner ist nur der automobile Flug über den Köhlbrand bei Nacht; da liegt Hammonia, die schlafende Schöne, und tut so heiter. Aber der Tunnel? Der mit seiner Wurmloch-Melancholie dafür sorgt, dass alle immer zögernder fahren, nachdem sie den tiefsten Punkt passiert haben; der ist höchstens eine Art Training in der Disziplin »Da muss man durch« und ist für Navis und Pragmatiker der Weg erster Wahl, steinig und schwer. Aber wer weiß: Eines Tages wird's am anderen Ende nicht mehr hell, es geht tiefer und tiefer und tiefer, bis zum direkten Kontakt mit der Angst, 20 000 Meilen unter dem Meer. Mal gucken, was Navi dann sagt. Stirb langsam, wahrscheinlich.

SPIEL MIR DAS LIED VON DER LIEBE

Er trug ein T-Shirt in den Nationalfarben Portugals, eine widerspenstige Haarsträhne in der Stirn und hatte sich im Schneidersitz auf den Rasen vor dem Philosphenturm der Uni gekauert. Eigentlich war er viel zu jung für mich, Anfang zwanzig, noch Träume von Aufbruch und Unendlichkeit des Lebens im Wuschelkopf. Doch dann nahm er seine Gitarre und schlug die ersten Takte von »Hotel California« an. Es war weit nach Mitternacht, Hamburg tat so, als läge es am Mittelmeer, und da war sie wieder: die Magie der Musik. Nein, die Magie musikmachender Männer in Sommernächten. Die jetzt in Övelgönne sitzen und spielen, in Hinterhöfen, auf Dachterrassen, die Nacht vibriert unter den liebenden, verführenden Händen der Männer.

Die Luft, das Sein, der Sinn, der viel zu junge Gitarrero – alles erschien plötzlich wahrhaftiger. Ich wusste Dinge, die ich nicht wissen konnte, vom Leben; fühlte, was ich nie verstanden hatte, verstand, was ich nie gefühlt hatte. Mein Mann nahm mich fester bei der Hand und führte mich fort, murmelte: »Der spielt ja nicht besonders.« Nein, das tat er wirklich nicht. Aber so innig.

Denn in der Musik lässt sich nicht schwindeln, so hoffen wir; diese Liebe, die er seinen Fingern auf den Tasten, Saiten oder Knöpfen seines Instruments entgleiten lässt, kann doch nicht lügen, oder vermag solch melancholisches Fingerspiel die eigentliche Herzensleere zu übertönen? Oder ja, doch, eines Tages, wenn seine Sehnsucht mechanisiert ist, er mit Musik Geld verdienen will, anstatt nur seinen Gefühlen eine Stimme zu geben. Dann wird seine Innigkeit unrettbar verloren sein in Reklame, Erfolgsdruck. Schluchzende Groupies, die sich fragen: Einst konnte er mit nur einem Ton mein Herz berühren, heute singt er Lieder, die nichts mehr erzählen. Technisch perfekt, makellos, und deshalb leer wie jedes zu schöne Gesicht.

Geraten Männer bei musizierenden Frauen auch in verträumte Melancholie? Kann eine Akkordeonistin mit einem Lied über den Himmel von Paris dasselbe Gefühl der Wahrhaftigkeit auslösen wie ein Mann, der minnegleich vor dem Fenster »Yesterday« zupft? Ja? Nein? Vielleicht?

Vielleicht ist es die weibliche Suche danach, vom Mann erkannt zu werden. Verstanden. In jeder seiner Melodien, die er für uns spielt, gibt er darauf seine Antwort.

IM WESPENNEST

Ich weiß vor lauter Aufregung gar nicht, wo ich anfangen soll. Wie bloß erklärt sich Leidenschaft?

Vor dreizehn Tagen fühlte ich mich wie ein kleines Mädchen, das sich sein Glitzerfahrrad mit Schmuckbändern am Lenker aussuchen darf. Augen, groß wie Kaffeebecher, von Vorfreude besoffen. Ich wusste seit einer Stunde, dass ich mein Leben ändern will. Kevin kam näher … wie jung er doch war … nahm meine Kreditkarte … ritsch! Hinfort die Spardose. Sie war mein! La Vespa. Hauchen Sie mal: Vesss-paaah. Und gleich hinterher: »Freiheit! Picknick auf'm Deich! Immer einen Parkplatz. Ciao bella. Nimmst du mich mit? Fahren wir nach Rimini.«

Versuchen Sie das mal mit so einem asiatischen Frühlingsroller aus dem Baumarkt. Geht nicht. Vespa ist Vespa. Meine Bella Piaggio ist mitternachtsblau, karamellfarbener Sitz; kann man alles zu tragen, finde ich, rote Halstücher zum Beispiel. Es ist eine »Automatik-Fuffy«, wie die Liebhaber der Roller-Wespen mit Gangschaltung die 50-Kubik-

Zweitakter für Leute ohne Motorradführerschein nennen. Dafür war Fuffy-Bella gleich zum Mitnehmen, inklusive Nummernschild und Teilkasko. Unkomplizierter geht Dolce Vita nur in der Eisdiele.

Als ich mit Bella das erste Mal Gas gab, bekam ich einen Geschwindigkeitsrausch – bei Tempo dreißig. Mein Mann brachte mir kleine Achten fahren, Vollbremsen und Umgucken bei. Meine Jungfernfahrt führte durch die Hafencity. Und da holte ich ihn mir endgültig: den Vespa-Stich. Wind in der Helmfrisur. Papa anrufen. Der ist in den Fünfzigerjahren mit 'ner Vespa übern Brenner. Mama trug Audrey-Hepburn-Kleider und war Sozia im Damensitz. *La Strada*, liberi tutti.

Auf fünfzig Kubik ist Hamburg wie ein Fellini-Film. Intensiver. Unmittelbarer. Nicht so emotionsgedrosselt wie hinter der Autoscheibe. Ich fühle mich jung, stark und verletzlich, es ist wie Schule schwänzen, Welt erobern und schwimmen mit großen Fischen zugleich. Ob die anderen das auch fühlen? Hamburg ist ein Wespennest – hören Sie mal. Da war wieder eine! Bunte sirrende Schmetterlinge im Blechmoloch. Hamburg ist Vespa-Metropole, verrät die Statistik, seit drei Jahren jährlich zwanzig Prozent mehr Angestochene.

Ciao, Vespa. Entweder man liebt dich – oder man hasst dich. Besonders, wenn man selber keine hat. Und nicht versteht, warum das Leben nur 45 km/h schnell sein muss, um mehr von ihm zu haben.

MIT DEM EX IN DER SAUNA

Als ich Ende der Neunziger den verliebtheitsbedingten Fimmel hatte, in ein 857-Einwohner-Dorf zu ziehen, musste ich mir um Datenschutz keine Sorgen mehr machen: Er existierte nicht. Dass die Bäckerin wie auch der Tankwart wussten, ob meine Stiefmütterchen strammstehen (»Na? Viel Arbeit in letzter Zeit?« – »Wieso?« – »Ihr Garten sieht so aus«), galt als Kollektivwissen. Ich konnte in der zwangsfamiliären Käseglocke weder den Dispostand noch einen Streit verheimlichen und erfuhr über jeden alles. Wer Liebeskummer hat, wer den Holzbock, wessen Tochter einen Arzt heiratet. Einen »aus der Stadt«. Wo alles so anonym ist. Und keiner was vom anderen weiß.

Ha! Von wegen. Nur weil Hamburg ein bisschen größer ist als mein Ex-Dorf, ist man hier nicht automatisch unsichtbarer. Die Stadt verleitet nur dazu, so zu tun, als ob – was zu pikanten Situationen führt. Irgendwer sieht einen immer: Es gibt zum Beispiel 3500 Restaurants. Aber wo trifft man den Ex, den man zwar im Leben noch mal treffen wollte, aber bitte dann schön, strahlend und lässig? Ja, genau in dem einen. Und man selbst ist ungekämmt und trägt Caesar-Dressing am Kinn. – Ganz doof auch: Da schwindelt man einem Kollegen ein bisschen was von sooo viel Arbeit vor, leiderleider keine Zeit für ein Treffen – und er fragt am nächsten Tag, ob's nett war in der *Strandperle*, sein Bruder hätte mich gesehen. Stiefmütterchen-Alarm! Der schönste Moment: Wenn man sich auf der Saunabank eines Hotel-Spas ausstreckt, und der Chef kommt rein. In zärtlicher Begleitung. Ich habe zehn Minuten im Tauchbecken verbracht: Grüßen oder Ohnmacht vortäuschen? Im Eiswasser verschrumpelnd zürnte ich zeternd, wie eine Großstadt so ein Dorf sein kann.

Bis ich merkte, dass ich mich täusche: Nicht Hamburg ist das Dorf. Ich habe mir ein Dorf in ihm gebaut, weil ich doch nicht so metropolisch bin, sondern so was wie »Familie« brauche, mit der ich etwas gemein habe – das Schreiben, das Spinnen, das Wassergucken. Ich gehe oft in dieselben Lokale, Theater, Buchläden, als ob's keine anderen gäbe. Werber, Berufsmütter, Jazzer oder Highsocietys treffen sich in *ihren* Dorfkneipen. Wir leben in derselben Stadt, aber für jeden ist sie viel kleiner. Jeder hat seinen Marktplatz, seinen Majestix, seine Falballa und den Klatsch; und alle 857 Einwohner der unzähligen Hamburg-Dörfer achten auf jedes Stiefmütterchen …

KEIN DIRNDL AUF PAULI

Kais Alkuraishis erster Eindruck von Deutschland hieß Viola und trug ein lila Glitzer-Dirndl mit adipösen Puffärmeln und weißem Spitzenschürzchen. Viola konnte nichts dafür; im *Lowenbrau Keller* in Los Angeles – teutonische Neuschwanstein-Deko und »typically German food«, Sourbraten, Spaten Brew und Wiener Schnitzel – hatte ein Hollywood-Designer seine Hardcore-Folklore-Fantasien ausgetobt. Und das hieß für die teilzeitkellnernde Hamburgerin, so auszusehen, als hätte man Lucy Liu mit Uschi Glas in der Petrischale kurz aufgeschüttelt und in einen eingelaufenen Oktoberfest-Fummel von Olivia Jones genäht.

Kais (sprich: Käiß), der eines Tages die Welt mit einem skurrilen Endzeitroman über die Stau-Apokalypse verstören wird, und Viola verliebten sich trotz dieser widrigen Umstände, und zwei Jahre später besuchte er mit ihr Deutschland – oder, was nicht ganz dasselbe ist: Hamburg.

Der Schriftsteller aus L.A. war, gelinde gesagt, irritiert. No Dirndls on Pauli, no Blasmusik and more than Sourbraten. Er erlebte eine Hochzeit mit Tango, die Schanze am Freitagabend, Livemusik im *Uebel & Gefährlich*, Picknick im Stadtpark, Bier aus der Knolle und eine Rasur beim türkischen Barbier, inklusive Ohrhaare abbrennen. Ich denke, damit hat Hamburg den Bavaria-Overkill entschärft. Nach einer Woche, beim Rauchen vor dem *Eldorado*, fragte ich ihn, was er in L.A. über Hamburg sagen wird. Die Antwort: Mellow. Free-minded. Exotic. Vor allem der Ladenschluss und das Understatement: very exotic.

Freigeistig, nun ja, er kennt das Hanseatenhobby Pädagogisieren nicht. Und mellow? Toffees oder Müller-Thurgaus sind mellow – sanft, schwipsig, lieblich. Sind wir der Müller-Thurgau von Deutschland?!

Kais kannte nur Herrn Mueller-Stahl und zeigte in die Luft. »Schau« (»Look, kid«), »was siehst du?« Ich sah die Wohlwillstraße. »Du wirst in ganz L.A. nicht eine Straße wie diese hier finden«, flüsterte er. »Bars, Restaurants, Wohnungen, Büros, oft in einem Haus. Ihr habt überall Stadtzentren, wir haben nicht mal eins. Wenn wir leben oder auch nur essen gehen wollen, fahren wir eine Stunde über den Highway; wir verbringen unser Leben auf dem Weg zu ihm.«

Oh, Kais. Das tun wir auch. Wir denken, das Leben ließe sich aufschieben, bis mal Zeit dafür ist. Derweil es vergeht.

RAPPELKISTENRENNEN

Ich sitze am Wallfahrtsort der Männer in der Stresemannstraße und erhalte die ultimative Antwort auf die unwichtigste Frage des Lebens: Natürlich kommt es auf die Größe an. Und die Technik, ja, gut, aber erst mal ist wichtig: Allzu klein darf er nicht sein. Und übrigens reden wir vom Kfz. Da stehen sie, Mann an Mann, Monster-SUV neben Überlänge-Radstand-Limo, an der Waschstraße. Ab und an guckt einer zu meiner langen Schüssel. Die halten mich für Vatis Tochter und Vati für einen Bonz. Dass Frauen große Dinger fahren und nicht nur rosa Töfftöffs, die lieb gucken, irritiert.

Wir könnten auch von Eifersucht sprechen – kleinere Männer sind schneller eifersüchtig und fürchten, die größeren Rivalen seien in Dominanzverhalten und Fortpflanzungsfähigkeit überlegen. Das sage nicht ich, das sagt die Wissenschaft, und meine Oma wusste das auch schon. Die sagte: Obacht vor kleinen Männern, die wollen nach ganz oben, um endlich auf andere runterzugucken. Das gelingt Nicolas Sarkozy (1,65 Meterchen) bei Madame Bruni (1,76 Meter) nur, wenn er auf eine Perrier-Jouët-Kiste steigt. Das macht Nicki aber nix, schließlich strahlt ihre Größe auf ihn ab. Kleine Männer mögen große Spielsachen.

Von dieser Erkenntnis ist es nun ein kleiner Schritt zu der Erklärung, warum (nicht nur kleine) Männer große Autos fahren und sich selten in Rappelkisten wie Smart, Twingo, Clio oder Peugeot falten: Sie verwechseln konsequent Auto mit Fahrer. Und groß ist nun mal groß, den Begriff »klein« will man(n) höchstens im Zusammenhang mit Problemen oder Mobiltelefonen hören. Aber ansonsten ist »klein« ein ganz böses Pfui: kleinkariert, kleingeistig, Kleinwagen. Und weil Männer wissen, dass andere Männer ebenso Auto mit Fahrer verwechseln (oder Hund mit Besitzer, deswegen sind Ridgebacks in und Pinscher out), bleiben die meisten auf der sicheren Seite der Großformate. Übrigens *nicht* zu kompensatorischen Zwecken ihrer Potenz: Das ist ein Gerücht. Ein lustiges, aber letztlich Legende, um PS-Unterversorgte zu trösten.

Mir ist die Größe schnurz. Ich mag Männer in Rappelkisten. Ihr Charakter ist groß genug, dass sie ihr Auto als Begleiter sehen, nicht als Surrogat ihrer erwünschten Persönlichkeit. Vor allem, wenn ich und meine fünf Meter Blech neben ihnen an der Ampel stehen …

MORDSSTIMMUNG

Wäre der Kriminalroman ein Mensch, dann stellte das Gros der Literaturkritiker ihn sich etwa so vor: Angeschmuddelter Mittvierziger im abgeschabten Ledermantel. Den Kragen hochgestellt, zertritt er eine Kippe. Dann wirft der Krimi einen letzten Blick – halb spöttisch, halb sehnsuchtsvoll – durch die regennasse Scheibe in den »Salon«. Dort thront die große Dame Literatur im edlen Fauteuil, vor ihr kniet das Föjtong und reicht Häppchen. Zum Salon hat der Krimi leider keinen Zutritt. Er trägt das »T« auf der Stirn, das Stigma »Trivial«. Der Krimi wendet sich schulterzuckend ab und geht in die Nacht. Er schlüpft in Schlafzimmer und Küchen, fährt U-Bahn, er kriecht unter Decken und stellt sich ins Licht greller Leuchtstoffröhren. Dort ist er willkommen. Denn es gibt jemanden, der ihn will. Der Einzige, auf den es ankommt. Der Leser.

Und es gibt einen Ort, an dem der Krimi mehr als an allen anderen zu Hause ist. Nicht New York. Nicht Schweden, wo jeder dritte Zahnarzt in seiner Freizeit Krimis schreibt, weil sich Namen mit »-son« in Deutschland so gut verkaufen lassen. Es ist: Hamburg. Die diskrete Krimihauptstadt Deutschlands, die sich leider sehr hanseatisch vornehm zurückhält mit Stolz, die belletristisch kriminellste zu sein. Nirgends ist die Dichte an Krimiautoren so hoch wie hier, von Auflagenköniginnen bis hin zu Stadtteil-Heroen, die (noch) unter »Geheimtipp« laufen. Irgendwo ist immer eine Straße gesperrt für Dreharbeiten, von *Großstadtrevier* bis *Notruf Hafenkante.* Dinnerkrimis, Krimistadttouren, Krimitheater, Krimilesungen, Krimischnitzeljagden durch die Quartiere. Tapfere Krimi-Editionen und wuchtige Großverlage mit gehätscheltem Noir-Programm, das das Geld einspielt, um die »hohe Literatur« zu finanzieren. Beim Stichwort

»Hamburg« plus »Krimi« wirft Amazon 705 Ergebnisse aus – nicht mitgerechnet jene, die das Etikett »Hamburg-Krimi« nicht dranschreiben. Und als Sahnehäubchen, 2007: das Krimifestival. Das es nicht gäbe, wenn es Sie nicht gäbe. Den Leser.

Die Tür zum Salon öffnet sich einen Spalt. »Hallo? Herr Krimi? Wollen Sie nicht … hereinkommen?« Der Krimi lacht kurz auf. »Wozu?«

Er weiß, wohin er gehört. Auf Ihren Nachttisch. Nicht ins Steckkisssen.

HAMMONIAS ZORN

Hammonia ist sauer. Wenn sie eins hasst, und das stellvertretend für alle Frauen, dann, dass sich ihr Mann an ihre Qualitäten gewöhnt hat.

»Du siehst mich gar nicht mehr richtig an!«, zischt sie ihm über den Aufschnitt hinweg zu.

»Hmpf?«, macht der geplagte Mann, eben war doch noch alles in Ordnung, er hat in dem Prospekt für Fußkuren in Malaysia geblättert, wo Fische an Schrubbelzehen knabbern; da müsste man mal hin.

»Ich könnte tausend andere haben! Sie reisen um die halbe Welt, um mich zu sehen! Es werden ganze Bücher über mich geschrieben! Tor zur Welt nennt man mich, Elbperle! Aber du? Du nennst mich ›Hamburch‹! Du warst öfter am Schiefen Turm von Pisa als auf dem Michel! Was hat die krumme Gurke, das ich nicht hab?!«

Der Mann krümmt sich auch, er weiß, er darf nicht sagen: »Italien drum herum! Schön weit weg! Dich hab ich jeden Tag, weiß doch jeder, dass das Ferne immer spannender ist, da kann das Gute noch so nah rumliegen!«, aber er murmelt: »Monilein, ich lieb dich doch.«

»Ha!«, schnauzt Hammonia. »Wenn du mich wirklich lieben würdest, dann …«

Oje, oje, denkt er, jetzt kommt das wieder, ich lieb sie nicht, wie sie es will. Ich beachte sie nicht genug! Na gut, ich leb jetzt fünfundvierzig Jahre mit ihr und war nie auf ihrem Michel. Auch nicht auf St. Petri. Nicht im Alten Elbtunnel, nicht in der Kunsthalle, nie im Puppenmuseum, im Planetarium, auf Kampnagel, am Willkommhöft; nie auf Dämmertörn, nicht in der Oper, nie im *Silbersack* (schade eigentlich), nie auf dem Fischmarkt, das ist wirklich zu früh zum Aufstehen – aber, Herrgott, ich find das ja alles prima! Es gibt Hunderttausende Hamburger, die das alles nie besucht haben! Das ist Hansestatement, wir wissen, dass wir tolle Sachen haben, sehen müssen wir sie nicht unbedingt. Irgendwann geh ich hin. Wenn mal Zeit ist … Besuch kommt … die Erde sich zur Scheibe wandelt … Ist doch morgen alles noch da.

»… so, ich packe meine Sachen. Du liebst mich eh nicht mehr!«

»Frauen! Ihr wollt ständig hören, dass man euch liebt. Wieso merkt ihr euch das nicht? Wo ihr doch sonst immer wisst, was man vor Jahren mal gesagt hat!«

Hammonia grollt. »Pisa, Paris, sogar Pellworm findet er aufregender. Ignorant!« Sie stopft alle Hamburger Wunderbarkeiten in gigantische Koffer. Zurück bleibt ein Parkplatz – und Stefan Gwildis' schmutzige Schuhe.

DIE KÖNIGIN DER TRÄUMER

Erst ist da nur ihr Ruf. Er eilt zwanzig Kilometer über Wasser und Land. Ein lang gezogener Kammerton A, so tief, dass ein Gänsehautschauer wie Gischt die Arme herabperlt. Nun schält sich ihr Gesicht aus dem Frühnebel, gewebt aus kantiger Anmut und dem Wissen, dass die Welt gewaltiger ist, als wir denken. Still und groß tanzt sie vorbei, von geschmeidiger Kraft getrieben. Sie kennt nur eine Richtung: dahin, wo das Fernweh ankommt. Überall. Nirgends.

Dann ist sie bei uns, die Königin der Ozeane, die Hamburg schon als »ihre« betrachtet: *Queen Mary II.* Sie kommt, um unsere Träume abzuholen.

Die Träume vom Aufbrechen, vom Hinter-sich-Lassen, alles, was fesselt und drängt und den Willen betäubt. Sehnsüchte von Unerreichbarkeit und einem Leben voller Anfänge. Jede Reise mit dem »wirklichen« Selbst als Ziel. Vielleicht lieben wir dieses Schiff deshalb mehr als alle anderen, rollen uns für *Mary* im Frühtau aus dem Bett, reißen die Arme winkend in die Luft, als ließen wir die Geliebte ziehen: weil die Prachtblaue uns Fernweh bringt, das süßeste aller Leiden. Unheilbar, eine seidige Kante in der Seele, scharf genug, um sich selbst zu spüren, weich genug, um es reuelos zu genießen. Anheuern und los, übers Wasser gehen! Los, weit weg, zur Erlösung, dahinten, hinter dem Horizont; wovon erlösen, weiß niemand genau und will es dennoch suchen. Dann fährt sie vorbei, wir schauen und sehnen und weinen, »Es ist nur der Wind«, eine verzeihliche Lüge.

Heute Abend wird *Mary* uns verlassen. Zurück darf ein Seemann niemals schauen, und auch Ihre Majestät sieht nie zurück. Nur nach vorne, dorthin, wo das Meer ist – und das namenlose Fernwehland.

IN ZWISCHENZEITEN

Ständig vergeht die Gegenwart. Eben schon wieder. Fängt man einmal an, über die Zeit nachzudenken, ist man schon rettungslos in ihr verloren. In diesem tyrannischen, unbestechlichen, amoralischen Geschöpf. Ich bin verloren, seit ich beim Vorbeifahren im Schaufenster einer Wandsbeker Boutique das Schild las: »Übergangsjacken – jetzt reduziert«.

Übergangsjacken. Es ist also wieder so weit. Die Übergangszeit ist da. Eine unbequeme Ära, in der sich das Leben dem Ungewissen zuneigt, nichts rastet richtig ein, der Herbst ist noch kein Winter, aber schon zu kalt, er treibt uns in geschlossene Räume. Die Tage halb hell, halb dunkel, das Jahr ist noch nicht um, aber fühlt sich furchtbar vergangen an. Eingeklemmt zwischen festgelegten Ereignissen spannt sich der November wie eine schwankende Brücke, mir ist, als ob ich mit unsicheren Schritten taumle. Am anderen Ende, so verspricht das Wort »Übergang«, setzt die »echte« Zeit ein, der echte Winter, die echte Adventszeit, und ein junger Demokrat namens Obama in Amerika begänne, aus Träumen Echtes zu machen. Aber bis dahin? Können wir wenig tun, außer warten, bis der Kalender wieder Aktivität verlangt.

Allen voran die unvermeidliche Steppjacke. Sie mummt sich um zart gebaute Damen, verwandelt sie in konturlose Michelin-Frauchen im mehrfach gedaunten Federkissen und Coyote-Kragen; die jüngeren – um zu beweisen, dass sie sehr wohl eine Taille unter dem Schaumstoffgebirge haben – ziehen den Bund hoch, bis ein Streifen Hühnerfell über den Nierchen blitzt. Die Männer gehen als Holstenfass auf Beinen, der Kopf, der aus dem Polsterparka rausguckt, wirkt irgendwie kleiner, als er ist. Es rascheln die Blätter und Knautschjacken, an den Garderobenhaken der Hamburger Lokale wachsen plustrige Stepphaufen wie Tumore. Sie muten an wie Rüstungen, darunter die Seelen im Übergang.

Übergangszeit. Aber ihr Ruf als Warteschleife wird ihr nicht gerecht, als Zeit zweiter Klasse. Ohne diese Zwischenzeit hätten wir keine Zeit, um uns zu finden. Sie ist wie das Einatmen, bevor man loslebt.

KALTER KAFFEE

Trinken Sie gerade Kaffee? Würden Sie ihn bitte lau werden lassen? Ohne Zucker, ohne Milch – für einen kleinen Test.

Balzac hat sich übrigens an Kaffee totgesoffen. Respekt. Ob er wusste, wo sein Kaffee herkam? Wenn ich in zehn Lokalen frage, woher der Kaffee stamme, den sie ausschenken, heißt es achtmal treuherzig: aus Italien. In einem Edel-Hotel sogar: »Aus der Packung.« Ächz. Es gibt keine Kaffeeplantagen in der Toskana oder Bohnenbäumchen im Vatikan. Es gibt Kaffees aus Kenia, Java, aus Äthiopien oder Panama, und wenn der Service die Mischung der (bisweilen in Italien gerösteten) Bohnen nicht weiß, wäre es schön, sich dennoch ein wenig dafür zu interessieren, was Kaffee kann.

Nebbich, »ein wenig interessieren«! Leidenschaftlich sollten sie es tun! Heiß sogar!

Mit keinem Getränk haben wir ein so intensives Verhältnis, es ist Charmeur, Droge, Fluchthelfer. Kaffee ist wie Liebe: Es ist ja nicht schnuppe, wer da im Bett (Tasse) liegt. Kaffee ist der Wein der Heißgetränke: Enorme Aroma-Unterschiede, je nach Herkunft, Qualität, vor allem Röstung, Mischung, Zubereitung – wer je die Kaffeeverkostung bei Bärbel Dahms im Speicherstadtmuseum mitgemacht hat oder sich in der Rösterei *Elbgold* durchtrank, wird sich fragen, warum das nicht Pflichtprogramm für Gastronomen ist, bevor die ihre Gäste mit Sauerplörre traktieren (weil der Billigbohnenanbieter die teuren Maschinen stellt ...?).

Kaffee hat diese Stadt groß, die Pfeffersäcke reich und die Speicherstadt schön gemacht. Warum ist hier, im wichtigsten Kaffeeumschlaghafen der Welt, diese Egalhaltung so verbreitet? Die sogenannte Kaffeekultur beschränkt sich im Gros auf Brühpfützen mit Decaf-Extra-Shot-Frappuccino-Milch-Tralala. Das ist kein Kaffee, das ist Nuckelnahrung, die das weggebrannte Aroma mit Karamellpansche und Dekostreuseln tarnt; unter Kaffeeleuten am Pickhuben gelten »Coffeeshops« zu Recht als Milchläden.

Rege ich mich auf? Ja. Ich flehe! Schenkt uns mehr guten Kaffee aus!

Wie geht's übrigens Ihrem kalten Kaffee? Schmeckt er sauer, bitter, dumpf, fiese Schlackenplage? Sie haben das erwischt, was man vom Boden auffegt. Metaphorisch gesehen. Kalt offenbart Kaffee alle düsteren Geheimnisse, besonders die der peinlichen Qualität. Guten Kaffee erkennt man daran, dass er auch kalt schmeckt. Und an dem untrüglichen Gefühl, dass einen Schluck lang Glück die Seele heiter küsst.

OFFENE GESELLSCHAFT

Der Mensch neigt dazu, sich immer wieder mit den großen Fragen des Seins auseinanderzusetzen: Was ist der Sinn des Lebens? Was hat sie, was ich nicht hab? Und was machen die 34 000 Hamburger Cabriofahrer im nassgrauen November, wenn ihre Schenkelspreizer nicht viel mehr sind als ein Quad mit Stofflappen?

Die süße Zeit des Cruisens (neudeutsch für »durch die Gegend gurken, dabei unbeteiligtes Geschau aufsetzen, wahlweise ins erdnussgroße Telefon schreien«) ist vorbei; das ferne Grollen der Porsche-Motoren in den Straßenfjorden rund um Neuer Wall und Hohe Bleichen ein Echo vergangener Tage voller Sommerduft und schleifender Kupplung. Wahrscheinlich sortiert der geübte Flirt-Cruiser im November die zugesteckten Telefonnummern? Pflegt die zugbedingte Nackenstarre oder Cabriobräune? Vielleicht leiht er sich einen kniehohen Hund aus, um auf den Hundewiesen am *Alster Cliff* Familienkompatibilität vorzuführen?

Nein, ganz anders. In München, Berlin oder Düsseldorf mögen sie Hardtops auf ihre kapriziösen Heckschleudern tackern, doch hier bei uns sind Männer Männer, keine Susis. Der Hamburger Cabriofahrer fährt auch bei gefühlten minus fünf Grad oben ohne. Selbst in der Winterpause der Hormone pflegt er die »Sehsong« und hofft, dass die oktangeschwängerte Erotik von Spider, MX-5 oder Z3 für einen zweiten, erwärmenden Blick reicht. Übrigens fahren auch Ladys weiterhin offen – wann sonst flattert das Haar so apart im Wind, und mit welchem Autotyp lässt sich so smart auf der Elbchaussee eine Motorpanne vortäuschen, auf dass ein hübscher Anwohner mit Grundbesitz zu Hilfe eilt? Eben.

Abgesehen davon träumen wir Frauen von dem Cabriomann, der im Vorwinter sanft über unsere eisblauen Finger haucht, die Sitzheizung aktiviert und sachte aufs Gas steigt: »Komm, Sternchen, fahren wir nach Rimini? Im Kofferraum ist Platz für einen Bikini und fünf Paar Schuhe.« Vielleicht sagen wir »Ja«, wenn er trotz Zentralverriegelung die Beifahrertür zuerst öffnet. Vor allem beim ersten Date, aber noch wichtiger: auch nach Jahren noch. Das rockt mehr als jedes Cabrio, auch ohne Cabrio.

LEISE GURGELT DER PUNSCH

Kurz vor Eröffnung der Hamburger Weihnachtsmärkte war in der Agentur für Aushilfsengel die Hölle los. Das eine Lager fieberte seit Ostern auf den Einsatz als Schutzengel für Verpunschte, als himmlische Hilfe beim Plätzchenwürzen oder als Stimme des Gewissens für Einkaufssüchtige beim 105. Nippes-Elch. Das andere Lager widersetzte sich vehement: »Allein schon wie das riecht! Wie im Waschbärmagen! Rotwein, Schwenkgrillchampignons, Früchtespieße und obenauf Mandeln mit Sauerkraut an Drehorgeldudel – nee. Wir sind Heiligenscheinpolierer und sensibel.«

»Schnickschnack, Polemiker seid ihr!«, rief das Pro-Weihnachtsmarkt-Geschwader aus. »Denkt mal an die Stimmen der Gospelchöre! Direkt ins Herz geht das! An die Düfte himmlisch mürber Vanillekipferl und saftiger Zimtsterne ...«

»... und erst die Duftorgel, wenn tausend Münder »O Tannenbaum« rülpsen und Elektro-Nikoläuse wie Josephine Baker im Obströckchen die Hüften schwingen!«

»... und die Augen der Kinder beim Anblick von Spielzeug, den sich wiegenden Märchenbarkassen auf der kussblauen Alster und all den heimeligen Lichtern ...«

»Ja, ja! Und erst die Augen der Glühwein-Illuminierten unter ihren Blinklichtzipfelmützen! Wie Christbaumkugeln!«

»… und all die lächelnden Menschen, die auf den Märkten etwas teilen. Vorfreude. Zeit. Nähe. Es liegt Zärtlichkeit in der Luft. Sie wärmt die Seele.«

»Pfff, und die Füße bleiben kalt. Süßer die Kassen nie klingeln! Ein super Ellenbogentraining für den WSV!«

»Gucken und mitfühlen kostet nichts! Ob maritimer Markt auf der Fleetinsel, Kunstmarkt in der Krypta des Michel, der Kiez hat sein Santa Pauli …«

»Ach, ja? Da holt wohl Knecht Ruprecht seinen Knüppel aus de…«

»Schluss mit den dämonischen Reden!«, donnerte der Bezirksleiter. Er seufzte. »Die frohe Botschaft: Wir reden über Menschen. Nichtlinear fühlende Wesen. Ihr Weihnachtsgefühl stellt sich völlig unplanbar ein. Bei einem Blick in ein Fenster mit Schwibbogen. Beim Bratapfel. Wir werden ihnen nicht vorschreiben, wie und wo sie dieses Gefühl zu ereilen hat, ob beim Turmbläserkonzert oder im Bratwurstzelt. Klar so weit? So. Jetzt hopp, alle den Punsch auf ex!«

MADE IN HAMBURG

Sie trägt Armstulpen, um sich vor der Kälte zu schützen, die als Erstes immer in die Fingerbeeren kriecht. Manchmal stehe ich minutenlang am Fenster der Bundesstraße 32 und sehe zu, wie Annika Struve über Garn und Stoff gebeugt ein Stück Hamburg näht. Es muss eine ewige Kühle sein in den Souterrainmauern, aber sie näht und näht, *Kleidung 180°*, »für Damen, Frauen und Mädchen«, es ist tiefe Nacht, und ich denke: Das. Genau das ist Hamburg.

Immer sind es die Menschen, die einer Stadt ihre Seele geben. Ich vermisse Hamburgs Seele schon, wenn der Zug die Elbbrücken quert, es ist, als ob eine Hand in mich hineingreift, etwas herausholt und festhält, während der Rest weiterfährt. Erst wenn ich zurückkomme, bin ich wieder komplett. Mir ist, als könnte ich dann wieder freier atmen.

Es hilft, wenn ich ein Stück Hamburg dabeihabe, um nicht zu ersticken; einen Wegzauber made in Hamburg, in dem etwas von den Menschen dieser Stadt steckt. Ein Kleid aus dem Souterrain der Bundesstraße, in ihm verwoben Geduld und diese gewisse hanseatische Schnörkellosigkeit. Eine der »Hamburg«-Brillen von Christian Eydam und seinen Partnern bei *Glassgo* in Eppendorf; mit ihren Modellen wie »Loki«, »Alsterperle«, »Kuddl«, »Blohm« oder »Jette« sieht man die Welt durch Augen, die an der Höhe des Himmels über der Elbe alle anderen Himmel messen.

Unter einem Hut von *Birke Breckwoldt* aus dem Weidenstieg wanderte ich einen bretonischen Küstenweg entlang – der in dem Sonnenhut konservierte Wind Hamburgs tanzte mit der Atlantikbrise; später trank ich Helbing Kümmel mit einem verrückten französischen Friseur und teilte mit ihm meine letzten Bärentatzen von *Keksbäcker* Tandetzki aus Lokstedt. Am Ende der Flasche verstand er genau, was ich meinte mit »Voilà Hambourg«, als ich dabei auf Kleid, Brille, Krümel, Hut und Helbing deutete.

Es sind immer die Kleinigkeiten, die entscheiden, was Heimat ist. Für mich ist Hamburg nicht Steinway, Nivea, Airbus, nicht all die lauten Glamour-Orte; es sind die Ein- und Zweikämpfer in ihren Schuh- und Schmuckwerkstätten, in Spielzeugmanufakturen und Backstuben, in Nähkellern und Tischlerateliers. Die »Kleinen«, die diese Stadt so groß und würdevoll machen, sie sind die Hüter von Hamburgs Seele.

AB ZWANZIG ZENTIMETER: GLÜCK

Im Jahr 1829 war die Alster hundert Tage lang zugefroren, 1929 ebenfalls. Damals gab es Büdchen mit Grog, Met und Bier; Schlittenfahrten und Boßeln, Eislaufen (für Damen unschicklich! Aber hallo!) und Dichter, die Verse über das gesellige Leben auf dem Eis sangen.

Zuletzt passierte es im Februar 2012: Nach wochenlangen Subpolar-Temperaturen verhärtete sich das liebste Wasser der Stadt. Das fließende Herz erstarrte, verdichtete sich, schichtete sich klar und ebenmäßig empor. Die Außenalster gefror zur Gänze. Auf der Elbe schoben und klirrten sich die Schollen zusammen, als wäre ein Spiegel über dem weiten Strom zu Bruch gegangen. An allen Ufern schauten die Massen – wie sonst nur im Sommer.

Ach, was. Wie NICHT MAL IM SOMMER!

Steht die Alster, unser Wohnzimmer, Picknicksessel, unser Sportstudio und unser Lebens-Raum, eisig still, dann geht das Jahr in die Geschichte ein, rastet ganz, ganz tief in die Erinnerung. Dann wird der Winter in der Rückschau stets einer der schönsten. Ob Hand in Hand mit den Eltern auf Schlittschuhen über knirschendes Eis oder verliebt und zu Fuß; oder allein, einmal Jesus und Moses und frei sein – jeder wird genau wissen, was er getan hat in jenen Wintern, wenn die Alster ganz und gar gefror. (1997, 1996, '91, '86, '85 … und wenn Sie noch wissen, in welchen Jahren zuvor, dann sind Sie ein Hamburger durch und durch!)

Wenn das Eis die historisch geforderte Mindestdicke von zwanzig Zentimetern erreicht – 1929 wurde dieser Kern als unabdingbar erachtet, um Reiter, Wagen und »leichte Artillerie« zu tragen –, dann hofft ganz Hamburg mit Kinderaugen auf die Freigabe durch die Umweltbehörde, fettet die Kufen des Schlittens, träumt von Glühwein, Würstchen und Teigtaschen und von glitschigen, knirschigen Schritten mitten in diese süße Ungewissheit. Eine Million Menschen (die halbe Stadt buchstäblich) wagen sich an so einem frostfreudigen Wochenende aufs stillgestandene Wasser – und werden ihr ganzes Leben daran zurückdenken, in jedem Winter. Und in jedem Sommer, wenn nichts ferner erscheint als auch nur ein einziges Minusgrädchen …

Irgendwas macht dieses seltene Eis mit uns; es verbindet uns – zu einer Familie, die übers verzauberte Wasser in eine neue Welt geht wie über die Beringstraße; es erinnert an früher (als man Kind war und die Welt groß, das Leben unendlich, die Eltern unsterblich), an noch viel früher (als Heinrich Heine sich entsetzte über die Schwäne, die in dem gefrorenen Bassin der Alster gefangen scheinen), an noch weiter und viel früher. Als man selbst nicht da war … Es erinnert daran, dass man nicht weiß, woher man kam, erst recht nicht, wohin man geht; alles in allem ein einziges Ungewisses, so seltsam selten und süß und nah – und doch so fremd wie das dunkle schwarze Wasser tief unter dem Erstarrten.

Und unter den Füßen … sind da nicht Gesichter unterm Eis, die uns aufmerksam anschauen, während wir über sie hinweg den Weg suchen?

HAMBURG BACKSTAGE

Wenn Menschen sich unbeobachtet fühlen, sind sie am beeindruckendsten. Schwarze Winternacht hat sich wie die Stimmung bei einer Séance über die Stadt gelegt. Ich sehe aus dem schmaleren der Küchenfenster zu den Nachbarn, die hamburgisch-traditionell keine Gardinen haben. Lichtspalte wie Schaukästen in fremde Leben, jedes zeigt einen anderen Traum. Im Erdgeschoss prüft der Sous-Chef des französischen Restaurants, das wie ein Obstschnaps heißt, die Sauberkeit der Dessertteller, in seinem Lächeln entrückte Hingabe. Im Stockwerk darüber: ein junger Mann, versunken in den Anblick einer Kerze. Worüber denkt er nach? Über einen leider nicht von ihm verlangten Kuss? Über den Einkaufszettel? Aus einem sehnsüchtigen Antlitz wie seinem wurden einst Putten geschnitzt. Im dritten Stock wird gelesen, in einer milden Lichtinsel spiegelt sich im Blick des Graubärtigen wider, was er an Worten inhaliert. Wird es spannend, schnellen seine Zehen und Brauen nach oben.

Sie sind allein. Hinter den Kulissen, backstage vom Maskenleben, in dem es stets darauf ankommt, sich »zu verhalten«. In ihnen ist Glück; diese bestimmte Sorte Glück, das nur ist, wenn es nicht von anderen Menschen begrenzt wird.

In den schwarzen Monaten, wenn die Lichter der Fenster das eiskalte Dunkel wärmen, die Bäume scharf schraffiert gegen den schneehellen Himmel schreien, ist Hamburg wie ein Setzkasten gläserner Leben. Sie rasen vorbei wie Dias, wenn die U3 hochbeinig an den Häuserfronten entlangschnürt, zoomen sich sacht heran, wenn eine Alsterbarkasse sich leiseleise bei der Punschfahrt an die Gärten von Rondeel und Mühlenkamp schmiegt, oder stellen sich mitten in die überwältigende Nacht, wenn der durchsichtige Fahrstuhl von St. Nikolai den Wolken entgegenrast und der Blick das Leben der anderen durch Fenster umzingelt. »Wer beobachtet, darf nicht mitmachen«, höre ich die Stimme meines Vaters, wenn ich in fremden Fenstern sehe, wie Menschen lachen, den Tisch decken, sich streiten, bevor sie sich in die Arme fallen; wie sie so unbeobachtet großartig sind. So trügerisch, dies Wohlgefühl. Es ist ein Hunger, der nur im Winter ist: in einer alten Stadt jung zu sein und dazuzugehören – wo alles einfach erscheint, in einer Welt, wo nichts einfach ist.

DAS VERSCHWINDEN DER BITTENDEN HÄNDE

Wie Hohn, sagt er, komme es ihm manchmal vor, dieses untergrundbahnliche »Zu-rück-blei-ben, bitte!«. Als ob er und nur er gemeint sei. Er sagt, ich könne ihn nennen, wie ich wolle, das täten so oder so die meisten. Penner, Stinker, Bettler. Thomas heißt er in Wahrheit, und er kennt allerlei Statistiken; zum Beispiel dass Bettler den meisten Pendlern im HVV unangenehmer sind als Fahrkartenkontrolleure oder dass das häufigste gespielte Lied von Straßen-Akkordeonistas »Bésame mucho« ist. Und dass seine Zunft des diskreten Bittstellers in Verruf gerate, zum Beispiel wegen der Krüppel-Mafia. Männer und Frauen, oft Liliputaner, mit fehlenden Beinen, scheinbar querschnittsgelähmt, auf Skateboards oder in billigen Kinderkarren an strategisch wertvollen Orten abgestellt (gern am Neuen Wall), die mit »Biiite! Biiite!«-Rufen das mitleidige Herz und die Geldbörse öffnen sollen; die europaweit organisiert sind und abends ihren Karren eigenfüßig verlassen und in die Unterkunft tragen.

Eine Zeit lang hat Thomas für *Hinz & Kunzt* gearbeitet, mit 67 000 Stück Deutschlands auflagenstärkstes, 1993 gegründetes Straßenmagazin; für 90 Cent erwirbt ein Verkäufer eine Ausgabe, verkauft sie für 1,90 Euro, bleibt ein Euro für ihn. Jeder der 420 Verkäufer hat seinen eigenen Standplatz, darf währenddessen nicht betteln und wird gebeten, keine Drogen zu nehmen. Das hat Thomas nicht so gut geschafft. Eine andere Zeit lang hat er osteuropäische Orchestermusiker, die in den S-Bahnen ein Zubrot verdienten, begleitet. Als Schmieresteher – denn bis auf ein paar Jahre um 2004, 2005, in denen HVV und Hochbahn zwanzig offizielle Bahnhofsmusiker per Casting engagierten, um ein wenig weltstädtisches Livemusik-Flair in den Untergrund zu bringen, ist Musizieren in den »Öffis« nicht gern gesehen. Manchmal ist es eh gar keine Musik mehr, sagt Thomas; furchtbar junge Kinder mit großen, müden Augen und vier, fünf Worten Deutschkenntnis würgen eine Schifferquetsche sechs Takte lang und halten dann den Kaffeebecher hin.

Thomas liebt Musik; deswegen ist er oft am Hauptbahnhof, wo klassische Musik aus den Boxen dafür sorgen soll, dass »Typen wie er« wegbleiben. Warum sollten Obdachlose nicht Mozart oder Brahms mögen?, fragt sich Thomas manchmal. Er kennt auch die meisten Straßenmusiker der Hansestadt; es gibt viele, aber wenig gute, »Felix Meyer«, sagt Thomas, »der hat 'ne Stimme wie flüssige Heißschokolade«, oder »Rock die Straße«, und neulich, an der Schanze, »Lukas und seine Gang, mit Didgeridoo!«

Thomas reibt sich die Hände, ihm ist kalt. Er bleibt zurück, als ich in die U-Bahn steige.

SOLL DAS WELTDORF SCHÖNER WERDEN?

Es kann nur ein Versuch sein, einen merkwürdig (un)geliebten Stadtteil zu erklären, in dem uns ab 2013 die Internationale Gartenschau blüht; es ist Europas größte Flussinsel in zwei Strömen, umarmt von Norder- und Süderelbe, geformt wie ein Pappelblatt (oder wie der Kopf einer Schildkröte beim Stretching), eine Insel, die für manchen Hamburger so weit weg ist wie Nantucket. Geboren zu Zeiten, als es Fürsten gab (Georg Wilhelm in diesem Fall), geschunden von Flut (1962), Nazis und Asbest. Nun ins Visier genommen von Bau- und Boden-Utopisten, die sich an Erde und Erkern austoben wie Kinder an Knetmasse, »Weltquartiere« und »Ausgleichsflächen für die gestresste Stadt« in das zwar kaum hübsche, dafür aber organisch gewachsene Durcheinander dübeln. Wilhelmsburg soll modern werden! Und heimatlich! Ja!

Ja? Für vierzig Nationen? Damit dann die »Kreativen« kommen? Und das Geld?

Wer wird eigentlich Stadtplaner und wieso – hat er als Kind keine Bauklötzchen gehabt?

Jedenfalls soll die Hälfte neu. Bis dahin zu besichtigen: ein Multikulti-Dorf zwischen Alt- und Plattenbau, arm, stolz und dreckig, herrlich grün und musikverrückt – und so weit weg. It's Willybörg, ya know? Und doch ganz nah, acht S-Bahn-Minuten ab Hauptbahnhof. Diese nahferne Insel ist der vielnationalste Stadtteil Hamburgs (und der größte!), aber für das oh so Kosmopolitische fehlt der Glamour. Die Bars, die Studenten-Demos, die Bionade, die Mini Coopers und auch: das Wohlwollen des Senats, der sich um »William's Island« nie groß scherte, aber jetzt einen auf Versuchsanordnung macht. Und andersherum? Latte-Leutchen will man hier auch nicht haben, denn was soll das schon: Szene. Es ist genug echtes Leben da, alle Hautnuancen, Kleinbürger, Neubürger, Wut- und Gutbürger. Alle Religionen, von Voodoo bis Russisch-Orthodox, drei Viertel der Jugendlichen besitzen »Migrationshintergrund«, aber was heißt das schon – mein Vater kam aus dem heutigen Polen. Trotzdem hat der Zugezogene hier manchmal Angst, besonders am 20. April, die Händler klappen die Stände hoch, die, an denen Frauen in Burkas mit Gittersichtfenster einkaufen und wo es noch Nähmaschinen zu erwerben gibt.

Als ich das erste Mal Wilhelmsburg besuchte, kosteten 113 Quadratmeter Altbau 720 Mark, es war Pitbull-City und die Otto-Brenner-Straße die Frontlinie zwischen Haben und Soll. Ich fühlte mich ausgesperrt, dort, Fährstraße Ecke Veringstraße. Der Freihafenzaun wie ein höhnisches »Ihr Willybürger müsst leider draußen bleiben«. Fünfzehn Jahre später kam ich wieder, um in zwei Sommern begabte junge Frauen im Geschichtenerzählen zu unterrichten, in der *Honigfabrik*, einem engagierten Kunstzentrum jenseits aller beflissenen Kulturclaqueure.

Die Pitbulls sind fort. Jetzt sind die Kampfhunde aus der »Stadt« da, sie haben ihre Freunde aus den iCity-Laboren der Welt mitgebracht und spielen zusammen »Unser … na ja … *deren* Dorf soll schöner werden«. Was die vierzig Nationen des Weltdorfes dazu meinen? Sie wurden nur in vier Sprachen gefragt …

DU BIST, WAS DU LIEST – UND WAS DU SCHREIBST

Pscht! Keine Namen! In Hamburg ist die Chance, dass nebenan am Tisch des *Lilienthal*, *Grill & Green* oder *Vin o Vin* ein Journalistenkollege sitzt, überproportional hoch. Das mag an den an Menge, Tradition und Bedeutsamkeit kaum zu übertreffenden Zeitungen und Zeitschriften liegen. (Der *Spiegel*, der *Stern*, die *Zeit*! Der deutsche Dreierschlag an Wissen, Wichtigtuerei und Weltnachrichten. Oder desgleichen *Gala*, *InTouch*, *Brigitte* …! Wenn Sie das nicht glauben, dann fragen Sie einen, der dort arbeitet, der weiß es mit Sicherheit.)

Oder die Dichterdichte liegt schlicht – der stolze Hamburger verzeihe es mir – an der übersichtlichen Größe unseres Elbvenedigs.

Wir von den Souffleuren des Jetzt leben hier so reichlich, dicht und in gelassener bis heiterer Vorname-Sie-Feindschaft miteinander wie sonst nur Angehörige einer Von-und-zu-Familie. Hamburg *ist* diskrete Medienhauptstadt, die toute l'Allemagne mit Meinungen, Unterhaltung und Nachrichten versorgt und einen diesem Status entsprechenden Habitus vorlegt; jeder Bundesbürger liest mindestens eine hier produzierte Publikation, wenn nicht sogar zwei (*TV Movie*, *Schöner Wohnen*, *Geo*, *Mare*, *Für Sie*, *Fit for Fun*, *Men's Health*, *Bild*, *Laura*, *Praline* …).

Das Stadtgebiet ist in Mediensektoren aufgeteilt: In Rathausnähe die Hanseaten (*Hamburger Abendblatt*, *Die Zeit* – die hat übrigens den Bremer Stadtschlüssel in der Kopfzeile, hübsch bösartig, nicht?), an und um die Elbe herum die Kapitäne und die Flaggschiffe des investigativen Journalismus (*Spiegel*, *Stern*), an den Bahnhöfen und Ausfallstraßen die Unterhalter (Bauer Verlag), in Altona die Underdogs (*Morgenpost*, *taz*) – und die sogenannten

Werbeumfeldgestalter (zu jeder Anzeige gibt es einen Bericht gratis) in Dammtorbahnhof-Nähe, wie auch die ehemals hippen Kerle und Elfen von der Milchstraße, und in Winterhude der konservative Jahreszeitenverlag. Dem Rothenbaum gehören Radio, Tennis und Fernsehen. Dazwischen sprenkeln sich Hamburgensien und inoffizielle Reiseführer wie *Der Hamburger* (ein Porträtmagazin; wer mehr über die Menschen der Stadt erfahren will, erwirbt ihn zum Beispiel auf dem Isemarkt), das Stadtteilmagazin *Quartier*, das der Hafencity als Sprechstimme dient, das *Altona Magazin*, *Hafenblick* oder *Szene Hamburg*.

Im Allgemeinen Hamburger Presseclub treffen wir von Sparwut, Online-Deprofessionalisierung und Arbeitsdruck gebeutelten Schreiber uns dann alle paar Monate, lassen uns von Berti Vogts, Angela Merkel oder Johannes B. Kerner ihre guten Absichten erklären, bevor es ans Wesentliche geht: quatschen. Wer-mit-wem-und-für-wie-viel.

Was wir nordischen Reporter noch gut können? Recherchieren, malochen und einen Hang zur Kritiksucht pflegen. Oh, und feiern: Legendär sind etwa die *Feinschmecker*-Jahresparty (inzwischen mit Türsteher, es gibt leider drei Dutzend »Buffet-Journalisten« hier – Männer wie Frauen, die sich unter Namen von bekannten Reportern auf Weinverkostungen, Austerndegustationen oder Gastroabenden herumtreiben), die Würstchentreffs in der *Abendblatt*-Kultur, die »Nacht der Medien« auf dem Süllberg – dort prunken so manche selbstzufriedenen Medienherren allerdings gern mit branchenfremden Modelschönheiten als Begleitung.

Aber pscht! Keine Namen!

ZWÖLFEINHALB DINGE

Die zehn elegantesten Schimpfworte. Die zehn beliebtesten Hundesportarten. Die zehn besten Tipps für den Umgang mit dem Ex der neuen Freundin. Muss man so etwas wissen? *Muss* nicht. Aber man *kann* nicht anders, als es wissen zu wollen. Irgendein Instinkt liebt es, die Dinge in eine Reihenfolge zu bringen. Wer ist die Schönste im ganzen Land, welches sind die fünf kreativsten Methoden, sich an seinem Investmentbanker zu rächen, was ist moralischer, Genuss oder Gesundheit, Meinung oder Pflicht? Internetseiten wie *www.zehn.de* (auf der Sie die Sache mit den Exen und andere skurrile Top Ten finden) leben vom Drang nach Rang und Ordnung.

Ach, ihr Bestenlisten! Ihr seid Ideale, die verwehen wie Rauch durch einen Fensterschlitz; so weit weg wie Sterne, nach denen wir durchs Meer der Werte navigieren. Was heute wahr ist, ist morgen Irrtum. Dennoch – ihr seid Verführer. Solcherart, dass ich einen aufrichtigen Irrtum begehen möchte und meine eigene Liste erstelle: Zwölfeinhalb Dinge von hundert, die ein Hamburger in Hamburg getan haben muss. Reihenfolge schnuppe, das Leben ist ein Kreis. 1. Im lauen Sommerwind am Falkensteiner Ufer barfuß im Sand sitzen und die Astra-Knolle ins Gegenlicht halten. 2. *Hinz & Kunzt*-Verkäufer unterstützen. 3. Sich zu einem Stolperstein herunterbeugen, den Namen lesen und ihn damit aus dem Vergessen befreien. 4. Im Hachez-Chocoversum am Meßberg eine Ahnung davon bekommen, wie bitter geschuftet werden muss für das süße Leben. 5. Sich von einem Alsterbarkassen-Kapitän anmeckern lassen, weil man füßebaumelnd auf »seinem« Anleger sitzt. 6. Bei den Wasserspielen in Planten un Blomen sehnsüchtig nach Liebe sein. 7. Den Blick erheben und mit Statuen sprechen – zum Beispiel mit den »Enigma«-Figuren am Messberghof. 8. »Seinen« Händler auf dem Wochenmarkt mit Namen grüßen. 9. Promis das gute Gefühl geben, sie nicht zu erkennen. 10. Die Kaufmannsehre bewahren, frei nach dem Kontorcredo: »Wer hier seine Großmutter zum Verkauf …« (Na, Sie wissen schon.) 11. Den Blog von der Rückseite der Reeperbahn lesen: *www.mattwagner.de*. 12. Im Regen lachen. 12½. Hundert Farben Blau benennen, die es nur am Himmel über uns gibt. Fortsetzung folgt.

ZEHN ANDERE DINGE: ÜBER BREMEN, GALÃO-STRICH UND MÄDCHENBRAUSE

Mein Tai-Chi-Meister Min war gut gerüstet, als er das erste Mal nach Hamburg kam: Mit einer To-do-and-not-to-do-Liste, auf der unter anderem verzeichnet war, der Deutsche und die Hamburger im Speziellen seien extrem pünktlich, legten Wert auf formelle Kleidung und zeigten sich auf der Straße nie betrunken. Außerdem seien alle Taxen von Mercedes (!), und es sei eine Ehre, zu einem »Stammtisch« geladen zu werden.

So weit, so charmant. Heikel wurde es bei Tipps wie: »In Restaurants warten Sie nicht, bis man Ihnen den Platz zuweist; es ist üblich, sich zu Fremden zu setzen und ein Gespräch zu beginnen (mit ›Hummel, Hummel‹ oder ›Moin, moin‹). Achten Sie auf das ›Du‹ gegenüber älteren Herrschaften, und werfen Sie Kaugummipapier nicht auf die Straße, Deutschland hat inzwischen Mülltonnen.«

Ich sah Min bereits ins *Vier Jahreszeiten* gehen, sich im *Grill* an einen der Fenstertische setzen und einem Hanseaten samt Gattin ein »Hummel, Hummel, wie findest du das Wettel?« zuwerfen. Also versuchte ich mich – in der Tradition großer Listenschreiber, die das Wort »to do« als das spanische *todo*, »alles«, verstehen und selten widerstehen können, die Dinge in eine Ordnung zu bringen – an den wichtigsten zehn »Alles, was Sie in Hamburg bitte nicht tun sollten«: 1. Beck's oder Kölsch ordern. Das Erstere gilt als Bremer Mädchenbrause für Werbeweicheier, Letzteres bekommen Sie im *Kölsch- und Altbierhaus* am Valentinskamp oder in der *Ständigen Vertretung* auf der Fleetinsel – sonst wird hier Astra getrunken (aus der Knolle), Holsten (gezapft) oder Alster. 2. Nicht auf Radwegen spazieren oder parkieren, es sei denn, Sie wünschen beschimpft zu werden. 3. Eine Diskussion über die Frage »HSV oder St. Pauli?« beginnen, wenn Sie die nächsten fünf Stunden noch was vorhaben. 4. Über Bremen, den Erzfeind an der Weser, lobend sprechen. In Bremen lautet der Lieblingsspott: »Hamburg mag das Tor zur Welt haben (den Hafen bzw. das Wappen), aber Bremen hat den Schlüssel dazu« (im Wappen bzw. in der ehemaligen Konkurrenzstellung als Handelshafen). Das Gebäude einstiger Großschmach – die Hoheit über das Erzbistum Hamburg und den Mariendom am heutigen Domplatz, dessen Park die Umrisse der einstigen Kirche nachbildet – besaß der Bremer Erzbischof! Der Dom wurde 1805 abgerissen und diente lange als sandiger Parkplatz (hanseatisches Pragma). Zudem hielten die Bremer die Hamburger stets für undeutsch und mehr den Briten zugeneigt. Die herzhafte Feindschaft wird heute noch zwischen den Fußballclubs ausgelebt. 5. Von »Spray-Athen« Berlin und seiner Kulturfreude schwärmen. Siehe dazu den erhellenden Essayband *I hate Berlin*. 6. Bussis geben. Hier wird sich umarmt, aber nicht abgesmackt. 7. Freitags und sonnabends auf den Kiez gehen. Das machen nur Touris und Teens. 8. »Moin, moin« brüllen. Ein »Tach« genügt. 9. Die Schanze als »Galão-Strich«, »Bionade-Biedermeier« oder »gentrifiziertes Schickiviertel« bezeichnen. Das sagen die situiert gewordenen Linken, deswegen muss es nicht stimmen. 10. Ich hatte es schon erwähnt, aber die Hamburger Pendler finden das wirklich, WIRKLICH wichtig: BITTE NIEMALS auf der Rolltreppe LINKS STEHEN. Rechts können Sie dagegen machen, was Sie wollen.

BÜRGERBEWEGUNG

Will ich einen Helden sehen, gehe ich zum Grindelhof und warte auf den Bus.

Im nächsten wird einer sitzen. Ganz vorne. Vielleicht der Typ John Wayne. Reitet die 360 PS wie einen schussfesten Falben, manövriert die 25-Meter-Karre beherzt durch gartenschlauchdicke Lücken. Ein grimmiges Raubein, das eine Horde verfrorener Demonstranten an der roten Ampel reinwinkt oder die Omi mit dem Gehstock direkt vor ihrer Tür absetzt. Berufsehre ist für ihn, wenn ein Mann tut, was ein Mann tun muss; ein Philanthrop, der nie lächelt. Ich mag das.

Oder ein Easy Rider. Grüßt lässig entgegenkommende Kollegen mit zwei Fingern, hat im Sommer die Ärmel hoch- und die Scheibe runtergekrempelt. Hält für Frauen die Tür auf, bis sie auf ihren hohen Hacken kurzatmig herangestöckelt sind. Den Fahrschein reicht er so lässig rüber wie seine Telefonnummer.

Vielleicht ist es der Kavalier. Er lächelt geduldig, während man das Kleingeld zusammensucht, und spendiert das fehlende 5-Cent-Stück aus dem eigenen Portemonnaie. Er ist versucht, vor jedem seine imaginäre Chauffeursmütze zu ziehen, fährt so sanft, dass die auf den Stehplätzen wackelfrei telefonieren können, und fragt Stammgäste nach ihrem Musikwunsch aus seinem Bordradio.

Mit ihr fahre ich allerdings auch gern: das beinharte Schätzchen. Sie hält nebenbei einen jovial flirtenden Schnack mit der Funke, zähmt allzu coole Teenager-Rüden, die in der Seitentür rumhängen, mit einem gebellten Spruch, häckselt das Wechselgeld wie ein schnurrendes Kugellager aus der Kasse und fährt Kurven geschmeidiger als Mika Häkkinen. Sehr selten ist in Hamburg zum Glück der Sadist. Der, der einen im Seitenspiegel angehechelt kommen sieht, und kurz bevor man es geschafft hat, pfft, Tür zu, Abfahrt! Wer weiß, vielleicht ein zugezogener Berliner? Aber wenn man es schafft, kommt man in den Genuss sehr kreativer Flüche zur aktuellen Verkehrslage.

Da kommt der Bus. Und ganz vorne sitzt ein völlig normaler Matador. Er ist Türke, und man sieht ihm an, dass er liebt, was er tut. Er schaut mir in die Augen, wie er schon Millionen Menschen freundlich ins Gesicht sah. Wieso bezeichnen wir nur jene als Helden, die mal für zwei Stunden was richtig machen? Und nicht die, die es den ganzen Tag tun, jeden Tag?

VOLLES ROHR ROMANTIK

Wo sind eigentlich die Psychogurus hin, die einem ständig vorbeteten, jeden Tag wie den letzten zu leben? Gut, mal spekulativ, ich würde das Datum kennen. Abgesehen davon, dass ich vor Angst schlottere, rufe ich meine Herzensmenschen zusammen, wir gehen zu Giovanni, er macht mir Berge von Cappellini. Ich rauche, trinke, lache, weine und rede gleichzeitig, und dann wünsche ich mir, dass ich ein Mal das Wasserlichtkonzert in Planten un Blomen (sprich: Bloumen) für mich ganz allein hätte. Ich erbitte von den beiden Musikern, die allabendlich Lichtklavier und Wasserorgel zu herrlichsten Musiken koordinieren, die *Moldau* und setze mich in die Mitte der Wiese, in einem Kleid aus schattendunkler Seide. Schlag 22 Uhr, als Auftakt wie immer Aaron Coplands *Fanfare for the Common Man*, da-da-taa, zwei Hammerschläge, wieder der Bläsersatz. Es ist Musik wie ein weites Land, bei der mein dummes Herz auftrumpft: »Ich kann alles, ich gebe niemals auf!« Dazu zwei schlanke, kraftvolle Wassersäulen, stolz und erhaben teilen sie des Himmels Russischblau. Sprühnebel trifft meine Wangen und kaschiert die Tränen. Eine warme Frauenstimme teilt mir mit, dass ich als Wassertropfen wiedergeboren werde und dass mir das Bezirksamt Mitte viel Vergnügen wünsche.

Dann beginnt die Sinfonie aus 762 Scheinwerfern,

99 Wasserdüsen und einer Musik-CD. Aus Geigen und Piano wird brennendes, tanzendes Licht in Farben wie aus einem Liebestraum; kopflose Ballerinen wirbeln in roten Tropfentütüs, rosa Wasserfälle fließen nach oben, blaue Schleierelfen wiegen sich in Wind und Melodie. Ich bin nur noch Klang und Licht und Mut. Ich tanze und bemerke nicht, dass ich sterbe, weil es so wortlos schön ist.

Überwältigend ist es, an jedem Tag. Ob es mein letzter ist – wer will das wissen? Dennoch sitze ich nahezu jeden Abend am Küchenfenster und sehe zu den Wasserspielen hin. Ich kenne das zweiwöchentlich wechselnde Halbstundenprogramm auswendig. (By the way, liebe Stadt: Nehmt noch mal Geld in die Hand und stockt das Repertoire auf – es macht Menschen glücklich!) Es ist der Soundtrack zu Leben und Lieben und Abschied und Schreiben, und doch schält es alles, was den Tag hart oder ängstlich gemacht hat, ab.

Gehen Sie dorthin. Hören und fühlen Sie hin. Niemand hat bei diesem Kunstwerk eine Chance, traumlos zu bleiben.

Reichen-Ghetto, Rentner-Dubai, Würfelhusten oder Tetris-Knast wird sie genannt; über die Hafenstadt zu lästern ist unterhaltsam und bietet griffigere Polemik, als zuzugeben, dass sie gefällt.

Sie gefällt mir. Ja, ich sehe die Maladitäten des Quartiers: Keine Radwege, Bäumchen wie vergessene Spazierstöcke, unfreiwilliger Exhibitionismus bis zur fünften Etage, kein Spar-Markt weit und breit, keine optische Anbindung an die fulminante Gotik der Speicherstadt, und manch architektonisch wertvoller Pömpel ist auch ein bisschen peinlich.

Aber noch mehr als seine Schwächen spüre ich die Magie dieses wachsenden Ortes. Er zieht. Er machte mich verliebt während einer dieser überwältigend blauen Stunden, wenn sich Wasser und Himmel annähern, die violetten Wimpernkränze der zu Bett gesunkenen Sonne sich in den Fenstern spiegeln und es ganz ruhig geworden ist in dem Quartier. Brückenspinnen huschen. Kräne wie Bleistiftschraffuren. Die Restaurants warme Inseln, Düfte, Gläserklirren, Frauenlachen, verwehte Tangomusik. Tanzende Lichter auf den Wellen. Ich ging über die Brücken und Terrassen, an den Kais auf und ab, einsam, eine sinnliche Einsamkeit. Blieb auf den Brücken stehen, lauschte. Wasser, wie es kommt und geht, der Soundtrack der Ewigkeit. Ich spürte nichts von der Feindseligkeit, die dem wachsenden Kind Hafenstadt nachgesagt wird. Nur seinen Sog. Es war eine träumerische, warme Melancholie, eine von der Sorte, wie bestimmte Charaktere sie mögen, die auch die Melancholie des Meeres schätzen, das Fernweh und das Heimweh, den Aufbruch und das Bleiben.

Wie jede verliebte und dem Glück misstrauisch zugewandte Frau machte ich drei Tageslichttests; die Hafenstadt bestand. Trotz und wegen der Touristen, trotz und wegen der Bauerei, trotz und wegen der sich suchenden und findenden Harmonie von Stahl, Stein, Leben und Wasser. Was die Magie ausmacht? Sie kommt mit den Menschen, die das Wasser und die blaue Stunde lieben, gleich welcher monetären oder sonstigen »Klasse« sie angehören. Sie kommt mit jenen, die bleiben, und mit denen, die diesen Ort nur besuchen. Es ist bereits ein Quartier der Begegnung; ob mit oder ohne Elbjazzpicknicke, Off-Kunstfestivals oder Queens und Kings; die Menschen verleihen ihm Seele, und das kränkt Kritiker womöglich am meisten.

DIE WEISEN DER STEINE

Es sei eine Legende, so heißt es, die der Wahrheit am nächsten kommt: Alle Menschen werden Steine. Weit nach Ablauf des irdischen Lebens vermählt sich der Nachlass der Existenz mit dem aus Sternenstaub geborenen Eisen der Erde, mit Holz und Harz und kommt als Felsnase oder dunkle Ader in Granit ein Jahrmilliönchen später erneut zur Welt. (Schubsen Sie also den nächsten Kiesel nicht so rum, es könnte ein Urahn sein.)

So ist unser 1,7 Millionen Jahre alter Findling am Elbstrand vielleicht auch menschlich? Vielleicht beherbergt er das Herz eines skandinavischen Kriegers oder das Lächeln einer blonden Träumerin; wer weiß, was der »Alte Schwede« zu erzählen hätte von seiner Wanderung durch vergangene Welten …

Die mit den Steinen reden, würden ihn verstehen. Felsflüsterer. Mineraliensammler. Leute, die ganz aus dem Häuschen sind, wenn sie eine 65 Millionen Jahre alte Zecke in einem Bernstein finden, oder liebevoll über den 980 Millionen alten Rotgranit der Sitzbänke vor dem Rathaus streicheln und erschauern vor so viel Zeitgeschichte, während Ahnungslose sich darauf den Hintern verkühlen. Es ist eine besondere Sorte Mensch, die in Steinen Poesie und Seele wissen. Sie zeichnet aus, dass sie den Homo sapiens nicht als Krone der Evolution missverstehen, sondern als zufällig denkenden Bestandteil eines Dauerkreislaufs. In dem aus Menschen Kirchen werden und Shoppingmeilen-Sandstein, aus Dinosauriern Strandkrümel, aus erloschenen Vulkanen das Fundament einer Metropole (5000 Meter unter uns zum Beispiel). Für die Steinleser sind Werden und Vergehen, Steine und Leben, Damals und Morgen in einer unendlichen

Liebesgeschichte verbunden, niedergeschrieben im Antlitz eines Steins. Wenn sie Kristalle, Meteoriten, Edelsteine oder Mineralien berühren, halten sie den Fahrplan der Schöpfung in der Hand.

Früher habe ich Steinsammler belächelt. Dann schenkte mir jemand einen Jadestein, der vor Jahrtausenden im Himalaja geboren wurde. Er fand seinen Weg über die Seidenstraße, diente als Opferstein, als magisches Schamanenamulett; als Pfand und als Ehegelöbnis. Ein Abenteurer und Kosmopolit. Unsterblich. Man könnte neidisch werden – auf Steine.

DIE STADT ÜBER DER STADT

Vielleicht sind sie es, die sich erstaunt über unsere Anwesenheit zeigen. Wenn wir vorübereilen, wenden sich ihre steinernen Blicke einander zu, und es haucht durch kalte Lippen: »Wie unruhig diese Menschen sind … Was suchen sie bloß, dass sie dauernd umherlaufen?«

Sie. Sie sind über uns. Sie kauern in Fassadennischen, thronen über Portalen der Kontorhäuser, schmiegen ihr Antlitz aus Altbauputz an die Mauern oder balancieren auf Türmen und Firsten. Sie leben in eisiger Höhe, ungesehen, unerkannt. Und doch nur einen Augenaufschlag entfernt;

wer den Blick vom Ich-muss-wohin hebt, der entdeckt die stillen Bewohner einer Stadt über der Stadt. Tausende Figurinen und Gesichter, Skulpturen und fantastische Plastiken, eine Zauberwelt, versteckt in der unsrigen. Tanzende Jünglinge, barfuß vom Scheitel bis zur Sohle, die am Brahms-Kontor zum Hafen hinüberschmachten. Neptun, der in der Überwelt der Deichstraße am Wolkensaum spielt. Hermes über dem Stephansplatz auf dem Sprung zum Roulette, und über der Langen Reihe kämpft ein goldener Georg seit Jahrzehnten mit dem Drachen. Tugend und Weisheit, die sich über den Kaisern an der Rathausfront dem Sternengürtel näher fühlen als dem menschlichen Marschieren unter sich, Karyatiden stützen Winterhuder Balkone, über dem Rothenbaum brüllen frisierte Löwen. Am Elbhof plaudern zwei Matronen unaufhörlich, auf der Lombardsbrücke betrachten pummelige Engel das Eilen der Gasfüße, am Zippelhaus haben sich die Erfinder von Lithografie und Buchdruck, Senefelder und Gutenberg, nichts mehr zu sagen seit dem Dialog: Ich spür meine Beine nicht mehr. – Ach was, du hast ja auch keine.

Sie sind überall, die stummen Wächter, verbannt zum Zusehen, zur Unsterblichkeit. Manchmal lassen sie es regnen, damit niemand sieht, dass sie weinen.

FISCH AHOI! ODER: DIE GRÄTCHENFRAGE

Bis zu einem Dienstag vor sieben Jahren war Fisch essen für mich so unheimlich wie die Tatsache, dass Giraffen sich die Ohren selber lecken können. Fische fanden nur in panierter Quaderform zu mir, die jegliche Herkunft des Inhalts verleugnet. Bei allen natürlichen Formaten legte ich Zitrone auf die frechen Glotzaugen, pulte misstrauisch im Fleisch herum und hinterließ vorwurfsvolle Häufchen von prismatischem Kalk am Tellerrand. Das Hänseln der Gräten wegen war mir sicher, ebenso wie verstörte Blicke der Mitesser, weil ich dem armen Fisch das antat, was eine Rundfahrt in der Moulinette nicht besser gekonnt hätte. Sollten doch Jamie-Oliver-Evangelisten dreimal die Woche Fischpäckchen im Bananenblatt grillen – ich blieb bei Steaks, die waren weniger blamabel zu zerteilen.

Aber dann. Dann kam die Liebe. Die Klärung der Grätchenfrage begann an einem Dienstag – mit einer Limande, an der mein damals Künftiger mir geduldig das Filettieren beibrachte. Während er mir das Messer führte, entdeckte ich eine Geschmackswelt jenseits von Püree-Pollack in Bröselkruste. Und ein halbes Dutzend Übungsfische später fiel es mir wie Schuppen von der Flosse: Diese Stadt ist Sternzeichen Fisch. *Daniel Wischer*, *Hummer Pedersen* oder das *Fischerhaus* sind heute für mich kulinarische Spiegel der Hamburger Seele, und ich bedauere zutiefst, sie so lange ignoriert zu haben. Blanke Tische, frische Fische, rosa Soße. Schollen, die über den Teller lappen. Kartoffelsalat ohne Rucola-Gedöns. »För veel Eeten bün ick nich, aber 'n beeten wat goods. Und denn satt.«

Und was die Sache mit den Giraffen angeht: Schön für sie.

GUERILLA-GÄRTNER UND BEETSCHWESTERN

Die Rebellin kam im Morgengrauen, als die Vögel am lautesten trillerten. Die nächtliche Kühle drang in ihre oft gebeugten Knie, als sie sich mit geübter Langsamkeit auf der kargen Erde neben der Kreuzung niederließ. Erst räumte sie Dosen, Kippen und Scherben zur Seite. Dann hob sie die Harke – und stieß zu.

Viele Sonnenaufgänge später. Tulpen recken ihre roten Wangen der unzuverlässigen Frühlingssonne entgegen, Rosmarin und Lavendel beben in den Windstößen von vorbeigleitenden Autos, über knospenden Veilchen taumelt ein Schmetterling. Die betagte Guerilla-Gärtnerin hat mit Schäufelchen, Samen und Blumenzwiebeln ein drei Badehandtücher großes Stück vergessene Stadt besetzt und es in einen lachenden Garten verwandelt. Nun zupft sie Unkraut, bei Tageslicht, der Wirt von nebenan füllt ihre Gießkanne. Von gegenüber grüßt eine Beetschwester beim Sonnenblumensetzen am Telefonhäuschen. Wildgärtnern ist ansteckend.

Gartenpiratinnen und Primelpartisanen renaturieren Hamburg, der Mai ist Hochsaison für ihre Mission Immergrün. Sie beblumen diskret, leidenschaftlich – und illegal. Eine sanfte Auflehnung gegen Beton, Müll und Gleichgültigkeit, die seit dem Jahr 2000 sogar einen Namen hat: Guerilla Gardening. In London zogen Tausende Wildpflanzer aus, um in nur einer Nacht urbane Erdkrumen zu beackern. Bei uns ist es oft eine stille Blumenrevolution jener Frauen, die etwas länger gelebt haben als andere. Sie bepflanzen Wendehämmer mit Mohn und Salat, muntern Baumscheiben im Trottoir mit Duftveilchen auf, sehen nach Tagetes an der Parkbucht. Subversive Stiefmütterchen und Astern adeln Seitenstreifen und Verkehrsinseln.

Danke, ihr grünen Daumelinas, für euren blühenden zivilen Ungehorsam.

WIE BALZT DIE HAMBURGER EISENTE?

Oje, oje, oje. Das war eine bedenkliche Meldung: Hamburger Singles flirten aneinander vorbei, so eine Studie der Online-Vermittlung ElitePartner. Singledamen monieren, Männer würden zu zackig auf sie einflirten, Herren indes beklagen die missverständlichen Signale der holden Weiblichkeit: Ich will ja, vielleicht oder nicht … ach, find's halt raus. Dieses elliptische Balzverhalten wurde in der Studie vor allem einem Frauentypus nachgesagt: der sogenannten »hanseatischen Eisente«.

Im ungeschriebenen Lexikon der Klischees wird diese Hamburgensie so erklärt: Das Gefieder der Eisente wechselt zwischen Twinset, Hermès-Tüchlein und Perlenkette über Edeljeans und Steppjackett zum blauen Kostüm nebst ins salongepflegte Blondhaar geschobener Markensonnenbrille. Ihre Brutstätte liegt in Wassernähe, wie Blankenese, Flottbek und Alsterufer, in einem seit Generationen vor sich hin dünkelnden Bürgertumshaushalt. Sie mag nichts, was allzu natürlich riecht, Prekariatsvornamen trägt oder über Zimmerlautstärke hinausgeht. Im Gegensatz zur Eimsbüttler Muttiglucke, Grindelgans und Schanzenschnepfe kenne die Eisente finanzielle Nöte nur aus der Zeitung. Insgesamt erinnert sie an die spröden Blonden alter Hitchcock-Filme. (Ach, sind Vorurteile nicht was Praktisches?!)

Ihre Namenspatin, der Tauchvogel *Clangula hyemalis*, vulgo: Eisente, hält es beim Flirt übrigens so: Die Herren sammeln sich zur Gruppenbalz, drei Eiserpel scharwenzeln wie Berlusconi um eine Dame herum und schnattern ihr zu: Garu-kolik! Garu-kolik! Was immer das heißt, es funktioniert jedenfalls bestens.

DIENSTAGSSTAU IST TRADITION

Sachen gibt's, da weiß keiner, wieso es so weit kommen musste, wer damit angefangen hat und warum es dann alle machen. Teelichter erst ins Glas und dann in Brötchentüten auf den Tisch stellen zum Beispiel oder karierte Bermudashorts tragen (auweia!). Oder die Bierpullen-Attitüde; wie einst magersüchtige Models ihre Evian-Fläschchen spazieren trugen, ist es nun das Bonbon-aromatisierte Bräu, das der moderne Ausgeher als Accessoire lässig mit sich führt. Herrenhandtasche fürs große Nuckelbaby. Oder das mit dem »Holen«: Kaum ein Mensch kauft sich noch etwas, nein, es wird sich geholt, das Auto, das iPhone, das Bier. Wann ist Kaufen bloß peinlich geworden? Hallo? Genau, wer hat eigentlich das erste Mal diese Empörungsphrase »Ich mein – hallooo?« auf jene spezielle Weise betont, die impliziert: »Merkt der noch was, dieser Hirnpürierte? Hach, was bin ich echauffiert!« Oder bestimmt, dass gebürtige Hamburger linksrum um die Alster joggen und die Quiddjes andersrum (oder war's andersrum?)?

Geklärt jedenfalls ist das Phänomen, warum im Elbtunnel immer Stau ist, vor allem dienstags. Erstens wegen des Erst-Tunnelers, der noch nie unter Wasser gefahren ist. Der bremst vorsichtshalber, der röhrengeübte Fahrer dahinter auch – weil er dem Vorfahrer vor Ungeduld fast im Kofferraum hängt – und jene, die das doppelte Rotlicht weiter hinten sehen, sowieso. Zweitens wird die Steigung nach dem tiefsten Punkt kollektiv vergessen (»Pendler-Amnesie«), der Blechschwarm erlahmt am Unterwasserberg – ergibt ebenfalls einen prima Rückstau. Drittens ist dienstags überall Stau, das ist hanseatische Tradition, und die wird gepflegt. Ach, der Mensch ist schon ein lieber, aber komischer Fisch.

ADIRONDACKING IM HUMMELSTUHL

Das Hamburger Sommerrezept für eine kleine Flucht aus allem, was den Sinnen wehtut, geht so: Man gehe (nicht zu hastig) zu einer Park- oder Alsterwiese, ziehe die Schuhe aus und wandle barfuß übers Streichelgras. An geeigneter Stelle wird ein freier Hummelstuhl okkupiert, mit vorfreudiger Kraftaufwendung (den Hintern in die Höh wie Omama beim Jäten) hin und her geruckelt, bis weder Sonne noch Schatten stören. Hineingleiten. Ausatmen. Die Augen schließen und die Sonnenwärme durch die Adern kriechen lassen. Und die nächste Stunde (oder zwei) nicht mehr aufstehen! Erst werden die Gedanken ganz laut. Dann beginnen sie, sich zu verwirbeln. Einer fernen Brandung gleich rauscht die Großstadt um diese Insel auf vier kurzen Holzbeinen, den Thron für Ein-Personen-Königreiche, den es so nur hier gibt.

1953 hatte jemand eine gute Idee für Menschen, die allein sein wollen, aber nicht einsam; und denen eine montierte Parkbank zu unbequem und zu teilbar ist, um die Seele auszuruhen. In jenem Jahr, zur Internationalen Gartenbauausstellung, wurden die ersten, je 18 Kilo schweren »Hamburger Parksessel«, eine leicht modifizierte Form der amerikanischen Adirondack-Chairs, in Planten un Blomen aufgestellt; später auf den Alsterwiesen, im Jenischpark, auf den Mittelmeerterrassen. Und so wie vieles, auf das der Hamburger stolz ist und das er als sein Eigen betrachtet, einen Kosenamen bekommt, wird der »Hamburger Parksessel« liebevoll Hummelstuhl genannt.

Für mich ist er ein Symbol des Sommers. Er verführt zum Zurücklehnen, zu Gedanken, die in eckigen Zimmern nie kommen; in einem Hummelstuhl erinnere ich mich immer wieder daran, was Leben eigentlich ist.

DIE UNKULTUR DES WEGSEHENS

Sie sieht mich einfach nicht. Bereits das fünfte Mal schaue ich der Dame, die sich zwischen den Gästen einer »Da geht man hin«-Kulturveranstaltung entlangschiebt, direkt in die Augen. Beim ersten Mal hob ich die Hand und ließ sie hastig am Haar abgleiten, um zu vertuschen, dass ich um Aufmerksamkeit gebuhlt hatte. Ich hätte auch eine Wand anwinken können. Wir kennen uns flüchtig (nicht die Wand und ich: die Dame und ich), waren dreimal in Gespräche über Literatur verstrickt – und jetzt das. Sie sieht weg. Sie beherrscht die hohe Kunst, zu gucken, ohne wahrzunehmen, und peilt einen Punkt über meinem Scheitel an, obgleich ich vor ihr stehe und lächle wie ein PAL-Fernseher. Fast ist mir mein Lächeln peinlich wie ein verschmähtes Sonderangebot. Machen mich die grauen Haare so alt? Hat sie ihre Kontaktlinsen vergessen? Oder gehöre ich in ihren Augen zu den Unwichtigen, die sie nicht wahrnimmt, weil sie nicht will, dass ich mich mit ihrer Bekanntschaft brüste? Oder seh ich das zu kleinkariert und habe nicht begriffen, dass »man« sich nicht zu den falschen Leuten stellt, die richtigen könnten es ja sehen? Ich rufe ihren Namen. Köpfe wenden sich zu mir, nur ihrer nicht, und da habe ich es kapiert: Ein fremdes Wesen hat sich ihrer Körperhülle bemächtigt, und sie ist irgendwo dadrin eingeschlossen.

Die Kultur des Wegsehens mit maximal dosierter Ignoranz hat eigentlich in einer anderen Szene Tradition als nur in dem »Da geht man hin«-Milieu: in der Nachspielzeit einer Beziehung. Noch Monate nach einem Ende wird das Viertel der Ex-Liebe zur No-go-Area. Wenn sich das tückische Terrain nicht vermeiden lässt, wird besonderer Wert auf die Kleidung gelegt, denn was ist, wenn man ihn da sieht? »Nicht hinsehen«, schwört man sich, sondern cool registrieren. Im besten Fall sieht man bei diesem halb erhofften, halb gefürchteten Treff großartig, gelöst und sexy aus. Auf dass sich der andere noch mal richtig ärgert. Oder so.

Dabei treffen die wenigsten Ex-Partner auf dieser vorgeplanten Bühne aufeinander, um sich zu ignorieren und zu beweisen, drüber hinweg zu sein. Manchmal ist es nur die Straße, im Regen, wo einer rasch den Schirm senkt. Was bleibt, ist unsichtbar.

ANREGEN! AUFREGEN! AUSVERKAUFEN!

Neulich einen Albtraum gehabt: Ganz Hamburg wird zum Event. Zwecks Profitabilität wird das gesamte Stadtgebiet zur ständigen Ereignisproduktion verpflichtet. Auch die letzte Imbissbude bekommt ihren singenden Bratwurstjongleur, Museen werden in Art-Clubs mit After-Work-Themenabenden (»Rock die Renaissance«) umgewandelt, Kirchen entdecken Lightshows und Happy-Hostien-Hour als Marketing-Tools. Inszenierte Straßenkämpfe (»Jetzt neu: Das Premium-Protest-Paket mit Hausdurchsuchung«) und Hafen-Havarien (»Der Untergang des Abendlandes: täglich 12 und 17 Uhr«) locken Touristen in Scharen an, ja, für so 'ne Kulturtaxe will schon was geboten sein! In der Edeka-Kassenschlange sorgen Türsteher für authentischen Erlebnischarakter (»Mit den Turnschuhen kaufst du hier nicht ein!«). Zur Eröffnung einer Thunfischdose wird ein roter Teppich ausgerollt, und jemand mit Propellerkrause hält eine Ansprache über die Wichtigkeit von »Stadt als Marke«. Hamburg wird in »Hot Hammonia – Ihre Top-Location« umbenannt, das neue Image-Credo lautet: »Anregen! Aufregen! Ausverkaufen!«

Die Kultur ist tot, es lebe das Event! Was zählt, ist die Anzahl Härchen, die strammstehen, und die reagieren doch vor allem auf heiße Luft – je bunter die ist, desto besser wird auch der Inhalt einer Aufführung, eines Produkts, einer Institution verborgen. (Inhalt? Dieser schwer verdauliche Ballaststoff, der sich so dermaßen unsexy verkaufen lässt? Igitt!) Wer es wagt, aus dem Kanon der Light-Kültür auszubrechen, und kleine, leise, hirnstolze Veranstaltungen macht, wird nach Kassel ausgewiesen. Oder nach Neumünster.

Als ich aus dem Albtraum erwachte, war ich mir nicht sicher, ob er wirklich vorbei ist. Oder gerade erst anfängt.

LIEBEN SIE BRAHMS?

Das ist so ein Ort in Hamburg. Um ihn herum fluten Straßen mit für außerhäusige Ohren merkwürdig tönenden Namen wie »Dragonerstall« oder »Pilatuspool«. Da steht dieser Riesenblock aus Backstein samt nacktem Bronze-Halbstarken hochkant, reitender Jüngling auf Elefantenskulptur; fast ist es zu spüren, das vorgereckte Kinn des Architekten. Es ist das ehemalige »Haus des Deutschnationalen Handlungsgehilfen-Verbands« (eine völkisch-antisemitisch Angestelltengewerkschaft, die zur Deutschen Angestellten Gewerkschaft, der DAG, wurde), das heute Brahms-Kontor heißt. Nach rechts fällt der Blick auf die Gerichte und die U-Haft, aus deren Fenstern die Insassen im Sommer Frauen im Rock hinterherrufen. Weiter. Die Laeiszhalle, das Gebäude mit den meisten Rechtschreibfehler-Risiken Hamburgs und deshalb Musikhalle gerufen, dahinter: das glashaltigste Hochhaus Hamburgs (aber nicht das schönste), das ehemalige Unilever-Haus, jetzt Emporio-Haus, in dessen Fassade sich abends der fliederfarbene Sonnenuntergang spiegelt.

Die Taxifahrer sagen manchmal noch Karl-Muck-Platz zum Johannes-Brahms-Platz; es dauerte fast bis zur Unverschämtheit lange, bis Hamburg sich gnädigerweise entschloss, sich zu dem im Gängeviertel geborenen Komponisten zu bekennen. Das Understatement. Nun, Johannes, die Stadt tat sich schon damals genant mit dir; dabei warst du, kaum zwanzigjährig, ein Freund Robert Schumanns, heiß verliebt in Schumanns Frau Clara (vierzehn Jahre älter! Was schriebst du ihr für heißwangige Briefe, sogar als Robert in die Nervenheilanstalt ging und in eine Kiste gesperrt auf den Tod hindämmerte) und über Nacht berühmt, als die ersten Artikel über dich erschienen. Du warst ein junger, blondfarbener, wellenhaariger Kusslippenmann, genauso wie es in den literarischen und Bürgersalons à la mode war, aber wie es nicht unbedingt von den Porträts an der Künstlereingangsseite der Musikhalle zu sehen ist, auf dem Kunstquader im Schatten der Bäume. Du verließest Hamburg dann für Detmold, weil man dir dort gewogener war. Und Wien!, oh Wien … deine *Ungarischen Tänze* kennt jeder, aber kaum einer dein Leben hier in Hamburg, und damit das nicht so bleibt, gibt es ein winziges Museum in der stillen Peterstraße – in der übrigens Gardinen Pflicht sind – und gar nicht weit weg von »deinem« Platz. Dort erzählen Ehrenamtliche von dir und von damals (fragen Sie sie, unbedingt!), damit wir verstehen, was es heißt, ein Mann in deinem Alter und mit deinem Talent in einem Hamburg jener Zeit zu sein. Es ist fordernd, kritikbeflissen, eine Stadt, in der an den Visagen Talente abgelesen wurden; was liebtest du sie dennoch, deine Vaterstadt! Auch ein Gärtchen ist in der Peterstraße, zu still, um dort zu zweit zu flüstern. Manchmal sitze ich da auf einer Bank, der einzigen, und denke an dich und bin neidisch, dass du in einer Zeit wirktest, als Heinrich Heine wurde, wer er ist, als du aufbegehrtest gegen die Großen der Musik, Wagner und Strauß; als die Kultur Handwerk, Aufklärung, Bewegung und Lebens-Mittel war.

---------- ♫ ----------

BITTE KLATSCHEN SIE *JETZT*

Vom Hamburger Kulturpublikum heißt es – aus informierter Künstlerquelle –, dass es ungern Beifall spende, schließlich habe es ja bezahlt. Ich konterte, dass die Applausregeln der sogenannten höheren Kultur es schwer machen, so richtig auszurasten und dem Interpreten das Trinkgeld der Seele um die Ohren zu klatschen: Bei klassischen Konzerten etwa wird so lange – höflich – geklatscht, bis das Orchester sitzt, dann noch mal – dezent – für den Dirigenten; und dann wohlerzogen gewartet, bis *alle* Sätze der Sinfonie durch sind (das Räuspern ist zwischen die Sätze zu verlegen). Sofern man weiß, wo sie aufhört, um nicht als Einziger in eine Kunstpause hineinzupatschen. (Wie bei Haydns 90ster. Böse Klatschfalle!) Man muss die Hände unten lassen, auch wenn das Flötensolo der Hammer ist – ein Stillhalteabkommen, das Jazzmusiker banausenhaft finden, Ballettsolisten kränkt und nach Opernarien mal so oder anders gehandhabt wird. Nicht mal Feuerzeuge darf man schwenken, auch wenn Brahms das Herzchen schönstens weht. Pfeifen, Johlen und Trampeln nach dem Finale wird im Musical goutiert, im klassischen Konzert nicht so gern, in der Oper nur bei Premieren. Oder so. Wer Bescheid weiß, ist Kenner, wer danebenklatscht, Außenseiter; die Blicke der Eingeweihten bei der Klatschpanne hat Erstbesucher schon manches Mal zutiefst verschreckt.

Die Quelle begründete die Jubelusancen so: Es sei gerade die Stille des Publikums, die eine weihevolle Atmosphäre herstelle – wie in der Kirche. Ach. Aber sich dann Ovationen wünschen wie nach der Landung auf Fuerteventura?!

Nee, sagt die Quelle, aber die La Ola, so in der Laeiszhalle, das hätte mal was.

VON MOZART, KALTEM BIER UND ANDEREN SCHÖNHEITEN DES LEBENS

Neulich einen Ex-Kollegen am Gänsemarkt getroffen. Auf die Frage »Wie geht's?« antwortete er dreizehn Minuten lang. Wie eklig das Wetter, wie intrigant die Kollegen, wie frech die Gaspreise. Wie fad die Arbeit, wie renitent das Kind, wie verschnupft die Gattin. Die da oben keine Ahnung, die da unten ach du je. Das Fernsehen verdummt, das Essen lügt, es gibt keine Moral mehr, kurz: Die Welt ist schlecht und er mittendrin. »Und du so?«

Äh, ich? Ich hätte auch einiges aufzufahren, was mich kränkt und ängstigt, nervt und verstört. Aber dann dachte ich an den Regenbogen im September. In reinstem Halbrund spannte er sich vom Michel bis zur Uni. Seine Schönheit war flüchtig, und als er verging, waren alle Krisen und Egomanen immer noch da. Doch sie waren weniger seelengierig.

Also antwortete ich »Mir geht's gut«, was den Mann irgendwie enttäuschte. Er verdächtigte mich des Lottogewinns, aber die Wahrheit ist viel banaler: Mir geht es gut, weil ich Regenbogen sehe. Weil mich der vierjährige Piet aus dem zweiten Stock immer so anlacht. Weil ich die perfekte Nudel koche, weil manche Rosen nach Himbeeren duften und weil sich meine Freundin über meine Witzchen so ausschütten kann, dass sie mit ihrem Gelächter die halbe *Lola* in Bergedorf zum Wiehern bringt. Weil sich die graziöse Perserin freut, die ich in der Kassenschlange vorlasse, weil ein Paar sich lächelnd an der Ampel küsst, weil der erste Schluck kaltes Bier der beste ist, weil Mozarts Musik immer noch berührt, weil das Abendrot die Zimmerwände färbt, weil der Conrad-Elektroverkäufer mich besser versteht als ich – weil es unzählige schöne Kleinigkeiten zwischen den großen Miseren gibt. Weil die Welt nur so schlecht ist, wie man sie sehen will.

WELTRETTEN FÜR ANFÄNGER

Ich finde an jedem Tag einen Hamburger, der die Welt rettet. Da, der Rentner bei Budni: Er steht in der Kassenschlange, den Wagen hochvoll mit Fußbalsam und Schogetten – er guckt nach hinten, brummelt »Geh man vor, Deern, bei mir dürt dat!« und winkt die junge Frau mit ihrem Kajalstiftchen vor sich in die Reihe. Oder dort: der Fahrer des Nachtbusses. Er hält, obgleich die Haltestelle fünfhundert Meter weiter ist. Weil er die nicht mehr ganz junge Dame lieber vor ihrer Haustür absetzt und wartet, bis ihr Treppenhauslicht angeht. Oder hier, die Taxifahrerin. Je schneller sie ans Ziel kommt, desto schneller hat sie wieder eine Tour. Sie lässt dennoch den von Hamburgs Straßen schwer verwirrten Fahrer aus SHG einfädeln, anstatt verbissen um jeden Zentimeter Vorsprung zu kämpfen.

Diese Weltretter haben sich weder an ein Bahngleis gekettet noch eine Reklamelügen-Widerstandsfront gegründet oder minderjährige Näher aus T-Shirt-Fabriken befreit. Und doch sorgen sie dafür, dass andere genau das tun werden.

Ich habe eine Theorie, die ich in Ermangelung von Fachtermini den Tümpelwurf nenne. Wer einen Kiesel in einen Teich wirft, sieht Wellenkreise, die sich um die Einwurfstelle bilden, obgleich der Stein längst versunken ist. Das

Kieselchen steht für eine unbezahlte Nettigkeit, ein Lächeln ohne Anlass. Es geht unter im großen Fluss der Weltereignisse, aber das Echo – die Wellen – setzen sich fort: Die mit Liebenswürdigkeit bedachte Seele wird ihrerseits, mit leiser Hoffnung, dass die Menschheit nicht nur ein Haufen achtloser Ich-Wichte ist, eine Kleinigkeit tun. Ein Lächeln für den nächsten Busfahrer, ein sanfterer Gasfuß, den eigenen Regenschirm mit einem Fremden teilen. Die Wärme der ersten Geste vervielfältigt sich wie ein ansteckendes Lachen. Und die Summe aller Kleinigkeiten? Sie erhalten die Menschenliebe und den Willen, die Gegenwart gegen menschliche Parasiten zu verteidigen. Sei es, sich mit Schlauchbooten vor Walfänger zu werfen oder eine Nachbarschaftshilfe zu gründen.

Und so kann das in den Strom der Zeit geworfene Lächeln eines Einzigen die ganze Welt der anderen retten.

HAMBURCH-DISCO!

»Mein Wohnzimmer, das ist der Kiez / die Neustadt mein Büro / die Elbterrassen mein Balkon / die Veddel ist mein Klo« – singt die sich zum HSV bekennende Band Abschlach. Okay, weiter. »Jesus liebt dich / Wo am Hafen / die Schiffe und die Fische schlafen … Du altes Hamburg / unsere Schatzstadt …«, die Lassie Singers (Berliner übrigens!) 1992. »Livin' in Hamburg«, denglischte Mitte der Achtziger die Hamburger Arroganz mit Rick-Astley-Sound, »unser« Lotto King Karl ist »Mitten in Barmbek«, und Dubtari mixt Dub Beats mit Reggae zum Hardcore-Altona-Sound »HH-City«.

»Mach mal lauter!« Meine Nachbarn sammeln sich im Treppenhaus und grinsen, bald schleppt jeder seine Hamburg-Lieder an, sogar Truck Stop: »Der wilde, wilde Westen / fängt gleich hinter Hamburg an / in einem Studio in Maschen …«

Ich höre bei Nummer fünfzig auf zu zählen – und das sind nur die, die in den vergangenen dreißig Jahren erschienen sind! Lieder über die Nacht – »In Hamburg ist die Nacht / nicht wie in andern Städten / die sanfte blaue Frau, / in Hamburg ist sie grau / und hält bei denen, die nicht beten, / im Regen Wacht …« (Wolfgang Borchert, *Hamburg*; gespielt vom Elbe-Saiten-Quartett) –, über das Cruisen durch die Hanse-Straßen im halb offenen Wagen – »an der alster und dem hafen lang sind optimale stellen / wo du die karre auch ma halten kannst: du willst nur noch chillen / und übers leben sinniern, sagen: wie schön ist es hier …« (*Hamburg bei Nacht*, Casino 94) – und über den Morgen danach: »Wir waren verliebt / Kam mir so vor / Und jetzt ist alles / so lange her / Die Nacht vorbei / Der Kiez gefegt / Und alles schleicht, / was sich bewegt« (*Wenn dir St. Pauli auf den Geist fällt*, Die Sterne).

Punker, Bratpopper und Liedermacher beschwärmen den Hafen, »an den landungsbrücken raus, dieses bild verdient applaus … willkommen zu haus« (Kettcar) und den Kiez »Oh, St. Pauli, du elendes Miststück« (Bernd Begemann), »Manche tanzen, manche schweben, auf dem Hamburger Berg … hier ist nachts der Teufel los, keiner weiß weshalb« (AussenBorder), »Reeperbahn – alles klar, / du alte Gangsterbraut, jetzt bin ich wieder da« (*Reeperbahn 2011, What It's Like*, Udo Lindenberg mit Jan Delay), Punker brüllen Spießer an: »Alles scheiße außer Hamburg!« (Eight-Balls), derbe Hip-Hopper betonen: »Der Grund, warum die Leute hier gern leben, / weil die Leute erst fühlen, dann denken, dann reden« (Beginner).

Einig ist den Hamburger Songs und Videos die Liebe zur Gitarre, den Turnschuhen und dem leicht näselndem Ton des Nordens, der stets leicht verschnupft bis schnöselnd klingt (»Hammborch«); saftiger Beat, Stolz und Liebe, Selbstbewusstsein und, ja – Herz. Dieses seltsame, sturm- und wassererprobte, liebende Herz.

Eine natürlich unvollständige, nichtsdestotrotz erstaunliche Playlist für Hamburger Tage, Nächte und Erinnerungen: Abschlach, *Die Elbe rauf nach Hamburg* · *Mein Hamburg lieb ich sehr* · *Ode an Ohlsdorf* · *Runter ans Ufer* · AussenBorder, *Hamburger Berg* · Barbarez feat. Mike Rossi, *Hamburg Rulez* · Beginner, *Hamburg City Blues* · Frank Boeijen, *Winter in Hamburg* · Casino 49, *Hamburg bei Nacht* · Samy Deluxe,

Hamburg · Die Sterne, *Wenn dir St. Pauli auf den Geist fällt* · Dubtari, *HH-City* · Eight-Balls, *Hamburger Jungs* · Element of Crime, *Hamburg 75* (Coverversion) · Fettes Brot, *Nordish by Nature* · Richard Germer, *Die Hamburg-Hessen-Story* · Hamburger Arroganz, *Livin' in Hamburg* · Hamburger Jungz (HSV-affine Band) *Das Hamburg-Lied* · Kante, *Heiligengeistfeld* · Kareem, *Reeperbahn das Viertel* · Keane, *Hamburg Song* · Kettcar, *Landungsbrücken raus* · Kneipenterroristen, *Hamburg, wir stehn zu dir* · Lassie Singers, *Hamburg* · Volker Lechtenbrink, *Ich mag* · Udo Lindenberg, *Reeperbahn 2011*, mit Jan Delay · Felix de Luxe, *Bomben auf Hamburg* · Gottfried (Böttger) & Lonzo, *Hamburg '75* (Original) · Lotto King Karl, *Hamburg* · *Hamburg, meine Perle* · *Mitten in Barmbek* · *Unten am Hafen* · Maggers United, *Hamburg Ciddy* · *Leck mich wie der Sommer* · *Stadtführung* · Ina Müller, *Allein durch Hamburg* · Tocotronic, *Hamburg rockt* · *Ich bin neu in der Hamburger Schule* · Tomte, *Wie sieht's aus in Hamburg?* · Truck Stop, *Der wilde, wilde Westen*

Ausschließlich Musik aus Hamburg gibt's bei der *Hanseplatte – Musik von HHier*, Neuer Kamp 32, auf die Ohren. Und natürlich irgendwelche total crazy bedruckten T-Shirts. Residenz: stilecht zwischen Karoviertel und Schanze, in den ehemaligen Schlachthöfen.

IST DAS KUNST, ODER KANN DAS WEG?

Lieber Hamburger Kaufmann,
hier spricht die Kultur. Ach! Du Süßer, Lieber, du diskreter Kunstfremdler – was wäre ich nur ohne dich und deine Euros, dein Goodwill, dein Mäzenatentum? Der hanseatische Kaufmann spendiert gern für »seine« Stadt (er denkt jedoch ohne Anführungszeichen); aber er geht zu so Kunstsachen meist nur hin, wenn sein Geschäftspartner ihn darum bittet. Oder die Nachbarn. Oder wenn seine Frau sagt: Liebling! Dunkelblauer Anzug! Wir gehen jetzt da hin! Aber du, Kauf-Mann – du gehst nicht in erster Linie wegen der Kultur. Das ist auch nicht schlimm; nicht jeder muss sich für Seeleninvestition interessieren, du hast es mit den reellen Sachwerten. Den Jungfernstieg hast du zum Beispiel bezahlt. Die Studienflügel an der Uni, die Rathaus- und Musikhochschulrenovierung, die Hamburger Tafel, die Deichtorhallen, die Laeiszhalle, das Literaturhaus … Muss ich weiterreden, wie marod und öd und kulturfrei das kleine Hamburg wäre? Ein bisschen grinst du jetzt. Du weißt genau, wie stark dein Arm ist. Wie lang. Um zu halten. Aber nicht nur das.

Also, was wären wir ohne dich und, sagen wir, dreißig, vierzig deiner Zunft, die uns im Geheimen unterstützen, philanthrokapitalistisch?

Wir wären ohne dich vielleicht Wien oder Kassel oder, na ja, München; sofern wir einen Landeskönig und barockverliebten Prinzen reingelassen hätten – aber hier, wo kreativitätsallergische Kaufmänner seit Jahrhunderten in der Stadt schalten und heimlich (ver)walten und als jene gelten, die ihre Großmutter, sollten sie sie zum Verkauf anbieten, selbstverständlich auch lieferten, wenn gewünscht in Raten (ja, ja, schon gut!), da hatte und hat so etwas wie Regierung, Adel oder Kaiser Sowieso keinen guten Stand mit seinen Liebhabereien für die schönen Künste. Und auch nicht deren Mätressen, die sich ständig irgendwas mit Kultur und Musik als Hobby leisten wollten – Kreative wurden ja einst »ausgehalten«. Hier hielt sie niemand. Hätten die Frauen der Kaufmänner (vermutlich, denn es sind stets die Frauen; auf verliebte Kurfürsten ist da nicht zu setzen) nicht darauf bestanden, nicht nur ans Geldverdienen zu denken und daran, Pfeffersäcke in Kontoren zu hätscheln, wer weiß, womöglich hätten wir dann eine kulturfreie Zone an der Elbe? So aber sind es sieben geförderte Museen, zwei Ausstellungshäuser, drei Staatstheater nebst Staatsoper und 37 weiteren Theatern, drei Stadtorchester und allerlei Dies und Das und auch noch knapp fünfzig weitere Kulturinstitutionen, die mal mehr, jedoch meist weniger vom Haushalt bedacht werden. Aber von dem bisschen Kulturetat (wir reden von um und bei 173 Millionen für 380 Projekte) wird keine Stadt groß; also musst du ran, Kaufmann. Du musst uns nicht lieben, aber wir wissen deinen Respekt zu schätzen.

AN DEN IM SCHATTEN

Werter anonymer Stifter,
hier spricht das soziale Gewissen. Man kennt weder Ihren Namen noch Ihr Gesicht. Vielleicht sind Sie jener unbenannte Hanseat, der im Jahr 2000 vier Millionen D-Mark für die Restaurierung des Michel-Turms gestiftet hat. Vielleicht haben Sie neulich 80 Euro, die Ihnen jetzt für neue Winterschuhe fehlen, freien Herzens in das Brunnenbüro von *Viva con Agua*-Gründer Adrion gesteckt, in die Jazzabteilung der Hochschule für Musik oder in den »letzten Willen der Jungfer Eding«, der die St.-Jacobi-Kirche jedes Jahr verpflichtet, zwölf Garnituren Schlüpfer an Bedürftige zu verteilen. Vielleicht aber stiften Sie nicht Geld, sondern mehr: Ihre Zeit. Als Vorlesepatin, als Medienbote, als Fahrer der »Tafel«, als Mentor, und arbeiten ehrenamtlich für eine der über 1140 Hamburger Stiftungen, ohne sich darüber groß in Szene zu setzen und sich Ihren Namen auf einer Messingtafel einer Parkbank zu wünschen.

Ohne Menschen wie Sie gäbe es von allem in Hamburg weniger. Weniger Kultur, weniger Jugendförderung, weniger Wissenschaft, weniger Schönes. Weniger Museen, weniger Altenheime, weniger sozialen Rückhalt für jene, die es allein nicht mehr schaffen. Es gäbe keine Alsterfontäne, kein Spendenparlament, keine interkulturellen Aktionen, keine

Bücherhallen, keine *Cap San Diego*. Die Metropole wäre ein kränkelndes Dorf mit ausgefransten Sparstrümpfen.

Es ist erstens eine Kunst, Gutes zu tun, und zweitens, darüber zu schweigen. Wir leben in Zeiten, in denen Social Sponsoring nicht von allen Gebenden erst mal um der Sache willen, sondern fürs Prestige gemacht wird – auf dass die Firma grüner, frauenfreundlicher, kulturaffiner, emotionaler, gemeinnütziger wirke. Nett sein als Imagewährung. Peinlich, wenn's durchschaut wird. Nützlich, wenn es trotzdem Sinn macht.

Allerdings mag man Prestigemaschen hier nicht so gern. Der urhanseatische Kaufmann und bisweilen kulturtöffelige Pfeffersack stiftet seit siebenhundert Jahren, um die Unabhängigkeit des Bürgers und der Zivilgemeinschaft von »denen da oben« zu erhalten. Einmischen statt abwarten. Anpacken statt Anträge stellen.

Sie sind einer jener Hamburger, die Hamburg selber machen.

Wer auch immer Sie also sind: Danke.

DER ZEITMACHER

»Hätten Sie mal die Uhrzeit?«

»Welche denn? Die von gerade eben oder die von demnächst?«

»Kommen Sie, wie spät ist es?«

»Wer bestimmt, ob es zu spät ist? Wenn Sie Ihr Leben leben wollen, fangen Sie doch sofort an, dafür ist es nie zu früh.«

Der Fremde, den ich nach der Uhrzeit gefragt hatte, besaß lachende blaue Augen. Sie wurden heller zur Mitte hin, sie musterten mich mit Ernst und Wärme. Ich setzte mich zu ihm. Wir sahen dem Michel-Schatten beim Wandern zu.

»Ich war Zeitmacher«, sagte er irgendwann leise. »Ich habe eine beliebige Zeit genommen und eine Uhr um sie herum gebaut. Ein krisenfester Beruf, dachte ich: Zeit gibt es immer, so wie den Tod und den Hunger; Menschen brauchen Uhren und Särge und Brot.«

Ich dachte an all die Uhren der Stadt; an jeder größeren Kreuzung, an jedem belebten Platz wird einem ungefragt die Gegenwart mitgeteilt. Kurz verstieg ich mich zu der Idee, es gäbe keine Zeitangaben mehr und jeder würde essen, schlafen, beten und arbeiten, wann er will. Wie die Welt wohl dann aussähe?

»Inzwischen haben Menschen Handys statt Uhren, um

ihre Existenz zu vermessen«, flüsterte der Zeitmacher, »und das, obwohl ich mich getäuscht habe. Die Zeit gibt es nicht.« Er streckte seine Hand aus und bedeutete mir, dasselbe zu tun. »Spüren Sie einen Fluss der Zeit? Nein. Weil sie sich nicht bewegt. Nur wir bewegen uns in ihr. Wir werden hineingespült in die Ewigkeit, in das andauernde Jetzt, absolvieren eine Abfolge von Ereignissen und fallen wieder heraus. Das, was wir Zeit nennen« – er tippte auf seine Armbanduhr –, »ist nur ein Metermaß, um unsere Schritte in der Ewigkeit zu berechnen. Aber sie hilft kein bisschen beim Leben weiter.«

Er strich über meinen Ehering. »Wann haben Sie geheiratet – um welche Uhrzeit?« Ich wusste es nicht, so um zwölf herum? »Aber an den Moment erinnern Sie sich. Als wäre es gestern gewesen, ja?« Ja. »Sehen Sie? Uhren bedeuten also gar nichts. An welche Augenblicke wir uns erinnern, gleich in welcher Stunde, das ist alles, was von unserem Besuch in der Zeit übrig bleibt.«

Er stand auf, bereit, in meiner Erinnerung zu verschwinden. »Es war übrigens halb vier, als Sie fragten«, sagte er höflich. Neulich, in der Ewigkeit also.

OSTERN MIT HANDY IN EPPENDORF

Manchmal gibt es diese Momente, in denen man alles gefunden hat, was man je suchte, und die Welt da draußen nicht weiter interessiert. Der erste Maikäfer und das erste Mal mittags draußen Rosmarinkartoffeln essen, ohne sich eine Decke um die Knie zu schlingen, dazu einen Augenblick Windstille, damit sich die Sonne unter die Haut schmiegen kann und kleine zerplatzende Sterne vor den Augen tänzeln; irgendwo zirpt ein Vogel, brummt träge ein Propellerflugzeug, der Tee hat die perfekte Süße.

Zwei, drei Herzschläge lang ist alles andere Petitesse. Glückglück, macht das Herz, Glückglück. Erholsam weit weg, dass Stefan Raab sich die Killerplauze hat verdreschen lassen, dass sich in Berlin eine Witwe und ihre Tochter um die Asche ihres Vaters streiten (die eine will daraus einen Diamanten pressen, die andere ihn einfach in Frieden ruhen lassen) und Victoria Beckham nicht ohne BH in die USA umsiedeln darf. In Hollywood ist Schwerkraft out, und hier rasieren sich die jungen Mädchen schon die Unterarme, um hübsch haarlos für den Frühlings-Lifestyle zu sein. So fern all das, die Flucht aus der verschlackten Unruhezone gelungen. Und das mitten in Eppendorf. Wunder gibt's doch.

Für fünf Sekunden. Dann gnattert am Nebentisch ein Handy los, und gegenüber fragt die Dame ohne Begleitung, aber mit Hund: »Bekommen wir kein Brot?« Ihre spitze Stimme zerschneidet den seidigen Tag wie eine verrutschte Plattennadel, und im Radio über der Theke warnt der ADAC vor An-, Fern- und Rückreisestau.

Freiheit, singt die Seele vorwurfsvoll das Lied der Revolution, mehr davon, wie krieg ich mehr vom Hier und Jetzt?

Jetzt. Wenn sich die vier Ostertage ohne das Korsett der Arbeit vor uns ausbreiten, keiner sagt, wann man zu kommen, zu gehen, zu pausieren oder sich vor der Geschäftsleitung zu verantworten hat, könnten wir zu Revoluzzern in eigener Sache werden. Auftanken mit diesen Momenten, wo nichts weiter zählt – außer da zu sein. Und nicht mehr Spielball des Müssens und Sollens und »Hör mal«, »Mach mal«, »Denk mal« sein. Wir schmeißen die Uhren weg und schnappen die Kinder, eine Decke und belegte Brote mit Schinken und Ei, gehen an die Alster und zählen weiße Segeltupfer. Alle Telefone bleiben aus, Bikinis passen endlich zur Figur und nicht umgekehrt, und die Glückssekunden kommen immer häufiger.

Heute ist Grüner Donnerstag. Da wird man doch wohl mal hoffen dürfen.

VOM UNEIGENTLICHEN LEBEN

Der Anblick ist frei von Romantik: grau schäumendes Wasser, ranzige Lagerschuppen, Großbaustelle Hafencity. Und doch singt mein Herz jedes Mal, wenn der Zug über die Elbbrücken rattert und mich nach Hause bringt. In die Stadt, in der ich eigentlich leben wollte, seit ich sie mit elf das erste Mal sah. Beinahe wäre es beim »Eigentlich« geblieben.

Mit achtzehn teilte mir das Schicksalsroulette erst einen Job in Augsburg, dann in München zu. Und da der Mensch sehr talentiert ist, sich auch den Alltag zweiter Wahl so herzurichten, dass er sich für doch ganz zufrieden halten kann, wandelte sich der kindliche Hamburg-Vorsatz in eine dieser Sehnsüchte, die mit dem Wort »eigentlich« beginnen – und mit einem »Aber« getötet werden. »Eigentlich wollte ich nach Hamburg. Aber hier habe ich einen Arbeitsplatz, eine Wohnung im guten Viertel, und mit dem Peter könnte es was werden …« Ja, wie vernünftig! Es gibt tausend gute Gründe, jedes »Eigentlich wollte ich ja …« kleinzureden. Wenn es nur nicht so brennen würde! Heimlich frisst das »Eigentlich« ein Loch in die Seele, erst ein Piks, und dann, je mehr uneigentliches Leben vergeht, wird es zur gärenden Wunde. Nichts kann sie schließen, kein Geld, kein Partner, keine Rechtfertigung, dass man nicht alles haben kann.

Mag sein, alles nicht. Aber vielleicht mehr vom »Eigentlichen«?

Immer auf den Elbbrücken muss ich daran denken, dass ich mit zweiundzwanzig genug jähzornige Kraft hatte, die Umarmung des Uneigentlichen zu sprengen, um mittel- und bindungslos nach Hamburg zu gehen. Mein Herz singt, denn hier gehört es hin; und dann weint es auch ein bisschen, weil es noch lange nicht am Ende ist mit all seinen Träumen und so hungrig nach dem alten jungen Mut.

ABER DIE SCHWÄNE

Während ich schreibe, bricht die Nacht an, ein Regentag ist zu Ende. Ich wünschte, ich könnte alle Dämmerungen, die ich hier erlebt habe – in der Stadt, in der ich sterben, aber lieber leben möchte –, erinnern. Ich vermag es nicht. Dennoch, was ich nicht möchte, ist, eines Tages alt aufzuwachen und zu schreien: Wo ist die Zeit hin, wieso bin ich auf einmal ein faltiges Kind mit diffuser Vergangenheit?

Ich will meine Vergangenheit nicht verpassen. Es gibt einen Ort, wo sie mir einfällt. Ich besuche ihn jeden 5. März. Dort sind immer Menschen, ich stehe in der Menge und bin unterschiedslos. Mitten auf der Reesendammbrücke. Als ich das erste Mal hier stand, war ich siebzehn, eine Böe warf sich an mich, die Sonne schien, ich wurde von einem hitzigen Gefühl umspült; ich hatte Lust, mein Leben fest in beide Hände zu nehmen.

Ich brauche diese Brücke, um das Echo dieses Mutwillens zu spüren. Um Bilanz zu ziehen. Jedes Jahr ein Jahr mehr; 2011 waren es einundzwanzig. Wenn Sie das Buch aufschlagen, ist es vielleicht vor zweiundzwanzig, dreiundzwanzig, gar dreißig Jahren gewesen, da galten Banker als seriös und sexy, heute, oje – gut, dass ich meine Bewerbung nie abgeschickt habe. Damals ging ich bauchfrei in der *Fabrik* tanzen, ein kleiner Skandal, so ein nackter Mädchennabel; heute ist Nacktheit belanglos, und eine Nacht durchzutanzen bedeutet: eine Woche Erholung.

Damals war der Altonaer Bahnhof ein Desaster, heute ist er geleckt wie ein Legostein und soll an den Diebsteich verlegt werden – diskret natürlich. Vor einundzwanzig oder dreißig Jahren war der Kiez nicht blendend, nicht so eine illuminierte Simulation von Verführung, er war schlampig, aufreizend, verwirrend, vulgär, käuflich, er war herrlich. Die Theater sind heute besser, ein Mini-Broadway. Nie hatte ich irgendwo Angst in alten Nächten; Angst habe ich heute bei Licht vor dem Ton, in dem sich auf der Straße wegen nichts der Kleinkrieg erklärt wird zwischen den Menschen.

Ach, Hamburg, einundzwanzig, zweiundzwanzig … Jahre älter sind wir. Du hast dich hübsch gemacht. Du bist nun Weltstadt, du machst mehr Musik, du lässt dir mehr vorlesen, und Harburg ist nicht mehr Weißwurstgrenze. Deine Schwäne sind noch da. *Erika's Eck* und ihre Hackepeterbrötchen (»Frühstück ab 24 Uhr«) auch. Deine Stiftungen und Privattheater retten immer noch die Kulturvielfalt. Der Sonnenuntergang von der Köhlbrandbrücke aus ist immer noch der schönste. Nein. Niemand kommt hierher zum Sterben. Sondern um zu leben.

DIE UNSICHTBAREN MAUERN DER STADT

Es ist absurd, zu glauben, ich würde diese Stadt nach nur einem halben Leben kennen. Denn da sind Mauern, die Hamburg längs und quer zerstückeln – sie sind gebaut aus Wasser, Stahl und Asphalt (und oft auch aus Vorurteilen); sie machen aus der großen Torte Hamburg ein Kuchenbuffet mit zig verschiedenen Teilchen. Das eine schmeckt nach Sahne, das Stück nebenan schon nach saurer Gurke. Die Mauern heißen Alster oder Elbe, Gärtnerstraße oder Fruchtallee; sie sind Schienen, Fleete oder Hochbrücken, die ein Straßengeviert herausfiletieren und zur Insel im Großstadtmeer formen.

Diese heimlichen Trennlinien, die jeder intuitiv spürt, aber selten benennt, führen zum Beispiel dazu, dass ich viel zu selten im »Osten« bin. Wandsbek, Dulsberg, wieso gehe ich auf der anderen Alsterseite eigentlich nie essen, nur zum Zahnarzt? Warum ist Harburg gefühlt so weit weg wie Hildesheim – oder Schnelsen schon »Land«, obgleich es zu Eimsbüttel gehört? Und Blankenese die Sommerfrische, in die es mich nur im August zum Halbtagsurlaub zieht?

Denke ich an »Hamburg«, kreisen meine Gedanken oft innerhalb »meiner« Mauern; die Außenposten am mentalen Limes heißen *Hadley's*, *Zum Grindelhof* und *Logo*; alles über zehn Minuten Fußweg ist »drüben«, ist schon ein Ausflug, ist fremdes Land. Mit eigenen Miteinander-Gesetzen, Kleidernormen, ja sogar eigener Mentalität. Einst habe ich Hamburg als Einheit empfunden, als Frau, Ende dreißig, sexy im Dufflecoat, zupackend, eigensinnig – eine Mixtur aus Piratin und Lady, aus Heidi Kabel und Jil Sander. Aber eher ist sie ein ganzer Frauenkongress! Mit Hunderten von Stimmen, tausendmal ein anderes Hamburg in Hamburg. Ein gewählter Dirigent dieses Chors sollte diese Sprachvielfalt nie vergessen.

KAUF MIR EIN SCHLOSS AN DER ALSTER

Manchmal macht die Liebe, dass wir zu ihr aufsehen wie ein Waisenkind. So sehnsüchtig. So hoffnungsvoll. Ein Immer soll die Liebe sein, unendlich – und so unzerstörbar wie ein Vorhängeschloss aus Edelstahl. So eines, wie es an der Brücke am Uferweg der Eilenau hängt, graviert mit Initialen und einem Datum. Oder wie jene zwei an der Speicherstadtbrücke und die drei da in Eppendorf, und die Dutzend und Dutzende an der Michaelisbrücke. Es sind Herzen, die dort einbruchsicher verwahrt werden wollen, die Schlüssel zu dem Vorhängeschloss sind in den schweigsamen Wassern von Alster, Elbe, Fleet und Isebekkanal versunken. *Per sempre* – für immer, das war das Stoßgebet jener, die die Schlüssel warfen.

Immer du. Immer ich. Für immer wir.

Das erste Liebesschloss hängte der italienische Schriftsteller Federico Moccia in einer Vollmondnacht an den Ponte Milvio – eine römische Brücke mit reichlich *tristezza*, Ausblick auf Wohnwaben und den kränkelnden Tiber. Er tat es für Step und Gin, sein literarisches Liebespaar, das sich auf dem Milvio Ewigkeit schwört und das Versprechen mit einem Schloss an einer Laterne besiegelt.

Ein paar Jahre später wankt der Ponte Milvio unter Tausenden *amorchetti*; die Brücke wurde zum Denkmal der Hoffnung auf Unendlichkeit. Auch auf dem Pariser Pont des Arts, dem Dresdner »Blauen Wunder«, der Kölner Hohenzollernbrücke und der Berliner Weidendammer Brücke schimmern Schlösser an den Geländern; Stahlsymbole, die sich der Zeit widersetzen, ABUS-Ewigkeiten. Zeugen eines Bundes, den nichts trennen soll, nicht mal der Bolzenschneider.

Immer du. Immer wir. Kauf mir ein Schloss an der Alster, denn nichts hält so lange wie die Sehnsucht.

DIE LEISE POESIE EINER SOMMERNACHT

Der Himmel ist unter uns. Sein Sternengesicht spiegelt sich in der Alster, ihre Wellen schlagen sanft nach unseren nackten Zehen. Die Nacht träumt, aber wir schlafen nicht. Hamburg erwacht seit dreieinhalb Wochen an jedem Abend in einen Sommernachtstraum hinein. Dutzende Schattengeschöpfe auf den Alsterwiesen, sie lachen und flüstern, da erhebt sich ein Busch und wird zum Menschen. Manchmal erhellt eine Fackel ein Gesicht, vermengen sich zwei wandernde Schatten zu einem. Auf dem Alsterweg spielen zwei Männer schweigend Boule im Leuchtviereck einer Parklampe. In ihren Bewegungen steckt die schwere Hitze des verloschenen Tages.

Ein Kanu mit wiegendem Windlicht gleitet still vor-über. Liebende. Er legt den Kopf in ihren Schoß, sie singt »Summertime« und kühlt seine Stirn mit ihrer kleinen Hand. Sie werden einander nie vergessen.

»Ohne Träume kann ich nicht schlafen«, sagt die Freundin zur anderen; sie sitzen auf dem Fährdamm-Anleger, in ihren Augen Sehnsuchtsfunken.

Allein der Anblick der Alster kühlt nicht die Hitzköpfe der fünf jungen Männer. Sie ringen sich gegenseitig über den Rand des Anlegers und schwimmen laut, wie es nur Jungs in Rudeln können, durch den Sternenspiegel. Die vier Mädchen springen züchtig, die Nase damenhaft zugehalten, hinterher. Prinzessinnenkreischen, Freibadmelodien.

Die Sterne lachen. Wir sind der Himmel unter ihnen. Unsere Körperzellen tragen Sternenstaub in sich, Spuren der Eisenasche von vor Milliarden Jahren verglühten Sternen.

Und so gehören wir wie sie in diese Nächte, wir träumen mit offenen Augen.

ICH BIN DANN MAL HIER

Fahrt ruhig alle weg. Auf die Balearen, Kanaren, den Nil; wir Handvoll Sommerarbeiter winken euch nach. Lasst euch von den sehnsuchtsvollen Gesichtern nicht täuschen! Das ist kein Neid – das ist Ungeduld. Denn kaum habt ihr die Stadt verlassen, machen wir Daheimgebliebenen Sommerferien. Heimlich. Eine Stunde hier, ein Abend dort, ein Wochenende satt; Urlaub in Hamburg – und dazu jede Menge freie Parkplätze und die Vertrautheit des eigenen Betts. Wir werden samtig feinen Beach-Club-Sand aus den Hosenumschlägen und Sandaletten schütteln, wenn wir nach der Mittagspause zurück in den Job schlendern, und jener gedenken, die Strände nur sehen, wenn sie sich aus ihrer Ferienwabe links um die Betonecke hangeln. Wir werden bis Mitternacht auf sinnlich beleuchteten Caféterrassen sitzen und alles bedenkenlos essen, was wir wollen, und uns vielleicht in jemanden verlieben, der nicht am anderen Ende der Welt wohnt. Wir werden nach Feierabend in Flipflops schlüpfen und uns Filme, die wir auch ohne Untertitel verstehen, im Freiluftkino reintun, auf einer Badeliege, die nicht durch das verschwitzte Handtuch eines rotgesichtigen Engländers reserviert wurde. Wir werden griechischen Wein, karibische Cocktails und kalifornische Spitzengewächse bestellen, ohne dafür einen Sprachkurs (per Serviette) belegt zu haben – und wir müssen nicht mal Karten schreiben! Es weiß ja keiner, dass wir weg sind. Dass wir in teeglaswarmen Nächten am geöffneten Fenster sitzen, Lieblingsmusik hören und die Seele hierhin und dorthin reisen lassen. Man muss nicht wegfahren, um sich selbst näherzukommen.

VON ALLEN STUNDEN DIE LIEBSTE

Ganz sanft streift die Nacht dem Tag die Lider herab. Der Himmel beginnt sich zu runden, wie in einer Schneekugel, wird hoch, höher, Lufthände, die sich über die Stadt wölben. Die blaue Stunde bricht an.

Sie ist mir von allen Stunden in Hamburg die liebste; wenn sich jenes Licht ergießt, in dem alles schöner aussieht, als es ist. Wenn die banale Wirklichkeit, die manchmal nicht sehr geglückt ist, auf einmal pathetisch wird, sentimental, voller Bedeutung. Der Containerterminal verströmt Farben wie aus einem orangen Fabelland, ein Hafen träumender Schiffe und raunender Maschinen, und es ist ganz leicht, bei diesem Anblick Verzweiflung zu ertragen. Auf den Wellenkämmen der Alster spiegeln sich angeknipste Hochhäuser und Fensteraugen der Villen; als ob die Gebäude Schimmi tanzen, eine Cocktailparty bewegter Steine. Hinter den Glasfronten der Restaurants werden Räume zu Bühnen, aus Straßen blaue Brücken, aus Fremden Menschen. Alles ist Poesie, bis die Zeit bricht und das Blau in Grau, das Grau in Schwarz ertrinkt. Die Welt wird aufbewahrt bis zur Morgendämmerung.

Es ist nicht mehr Tag und noch nicht Nacht. Nicht mehr Wahrheit und noch nicht Traum. Es ist der schmale Grat, auf dem seltsame Gedanken strömen – und wie leicht es ist, jetzt zu lieben und Schwächen zu verzeihen, Dinge zu versprechen, die in der grellen Mittagssonne viel zu groß erscheinen! Es ist so leicht, sich küssen zu lassen und an Musik zu glauben, auf morgen zu hoffen und darauf, dass das Leben niemals endet.

Es ist die süße Melancholie, in einer großen Stadt ganz allein in seinem eigenen Kopf zu sein.

NIRGENDS IST *MEHR* HAMBURG

»… und dann zeigst du mir noch mal *dein* Hamburg«, sagte mein Vater bei einem seiner letzten Ausflüge.

»Mein« Hamburg? Welches ist das – das Grindelviertel, wo ich jeden zweiten Ladenbesitzer kenne? Planten un Blomen, mein »Außenbüro«? Nein – es ist vor allem eine Straße, die für mich mehr Hamburg als jede andere ist. Die Große Elbstraße, die Fischmarkt und Övelgönne verbindet. Sie ist Meer und Fluss, Wandel und Beständigkeit, Freiheit und Geborgenheit. Sie ist Essen, Schauen, Leben, Tanzen, sie ist »Guten Morgen« und durchtanzte Nacht, sie ist Romantik und bärbeißiger Realismus, grundgrässliche Neoarchitektur und zum Niederknien atemberaubende, sie hat Chichi und Schlichtheit, Luxus und Schlampigkeit, alles auf 2,6 Kilometern. Sie ist so typisch Hamburg, als hätte ein Filmausstatter sie erfunden. Das war sicher nicht immer so.

Als ich hierherkam, gingen nach Einbruch der Dämmerung nur rote Herzlampen in den Campingwagen der freischaffenden Kurtisanen an. Frauen in gesteppten Jacken, am Ende ihrer Spätsommerjahre, schoben ihre letzten Liebesdienste. Wohliger Grusel für die paar Gourmets, die Kowalkes Spitzenrestaurant *Fischereihafen* aufsuchten, an einer Straße, in der sonst nichts außer Hallen und Haltebuchten war. Jetzt parken auf dem ehemaligen Fischstrich am Sonnabendmittag Jaguare und schicke Minis. Weil ihre Besitzer auf eine Auster zu *Hummer Pedersen* flanieren, zu einem Berg frischer Muscheln oder Scampi und einem Muscadet bei einem der Fischhöker gegenüber. In legerer Bierbank-Atmosphäre sitzt der gekämmte Fuchskragen aus Blankenese neben dem Hoodie-Shirt aus Barmbek. Zur goldblauen Dämmerung klettert die Jugend mit Decken, Astra und bebenden Herzen die Freitreppe des Dockland hoch – einem Star-Wars-Gleiter gleich ragt das Teherani-Kontor neben dem neuen Cruise Center Altona über Wellen, Boote und Fernweh-Ader. Oben stehen sie, Könige der Welt, auf dem gläsernen Tor zur Welt, dem geheimen Wahrzeichen der Stadt; und um sie herum pulst und schimmert es, der Fluss, der Himmel, die Lichter, die Sterne. Mehr Hamburg ist nirgends.

Bei Gegenwind drücken sich Flaneure entlang der malerisch unnützen Gleise, vorbei an Bars und Glasbüros, röhren Mustangs vor dem alten *Hafenbahnhof*, schwappen Wellen, machen Immobilienbesitzer beste Geschäfte (15 000 Euro für den Quadratmeter, zu kaufen). Im *Golem* tagt die junge Szene, im *Henssler & Henssler* lukullen die Sushi-Verehrer, im *IndoChine* flirten die Singles, und am Horizont ruft die Nacht: Ich schlafe nur kurz, zwischen zwei und vier, dann gehen hier nur die Möwen auf der Straße spazieren.

Das ist mein Hamburg, hier finde ich Zufriedenheit.

Da steckt das Wort »Frieden« drin, das ist verdammt nah am Glück. Hält nur länger – und ist nicht so furchtbar launisch …

NACHWORT: IN HAMBURG SAGT MAN TSCHÜS

271 Kolumnen oder 661 782 Buchstaben lang dauerte meine offizielle Liebeserklärung an Hamburg; fünf Jahre, einen Monat und drei Wochen schrieb ich für das *Hamburger Abendblatt* jeden Donnerstag über die Eigenheiten dieser Stadt.

Es begann am 3. November 2005 mit Frauenflüsterer Roger Willemsen und reichte bis zum 23. Dezember 2010 und einer Geschichte über einen (Glücks-)Bohnenzähler. Dazwischen erzählte ich von Cabrioflirts und Karnevalsallergien, über den Sound der Nacht oder von Schiffssirenen im Herbst; warum Ikea um einen Beutel Teelichter herum gebaut oder Angela Merkel nie mit Handtasche zu sehen ist. Immer häufiger waren es *Abendblatt*-Leser, die mir eine Idee, eine Beobachtung, ein Dankeschön für die Kolumne schenkten und mir schrieben. Ganz besonders danke ich ihnen – den Lesern und den Liebesbriefbeihelfern: Martin B. für Lob und Kritik an jedem Donnerstag. Eva W. für die Hagenbeck-Postkarte. Dr. Cremer für den »Guten Morgen, wann kommt eigenlich mal ein Kolumnenbuch von Ihnen heraus?« am Dammtorbahnhof (Jetzt, lieber Doktor Cremer!), Claus F. für feurig-kunstvolle Formulierungen, Emine für den Brief, mit dem unsere Freundschaft begann, Joachim für »Max« und meinem Ehewolf Jens, der sich jede Kolumne am Telefon geduldigst anhörte, sogar sämtliche Vorversionen. Ich danke Carlos A. und Carlo B. (ihr wisst, warum) und bitte um Verzeihung bei jenen, die jetzt nicht namentlich erwähnt sind.

84 der 271 *Abendblatt*-Kolumnen finden und fanden Sie hier wieder, überarbeitet und teilweise aktualisiert nach bestem Wissen, ausgesucht mit kühner und hamburgverliebter Hand meiner Lektorin Regina Louis. Aufgerundet mit 17 neuen, exklusiven Stadtbetrachtungen, ergibt dieser Band eine neue, zweite Liebeserklärung an meine Stadt.

Ich widme dieses Buch wie auch jedes folgende meinem Vater Joachim Albert Wolfgang George, genannt Jo der Breite. Sawade/Eichwaldau, 20. März 1938 – 4. April 2011, Hameln.

Papa, du hast jede Kolumne mindestens drei Mal gelesen, um sie im Zweifelsfall auswendig zu können; aber nicht nur jede Kolumne. Mit dir ist der einzige Mensch gestorben, der alles gelesen hat, was ich je schrieb, seit ich schreiben konnte. Du wirst mir fehlen, immer.

Hamburg, im März 2012 *Nina George*

INHALT

ZU DIESEM BUCH

Nina George bietet einen charmanten, persönlichen und hintergründigen Blick auf die Eigenheiten der »Freien und Hansestadt Hamburg«. Als leidenschaftlich-neugierige Stadtläuferin durchstreift sie Straßen und Viertel, nimmt sich besonderer Orte und Lokale an, entdeckt inmitten geschäftigen Treibens »Gemütsasyle für Fliehende«. Glück – das bedeutet auch, auf den Bordsteinkanten in der Schanze zu sitzen, Halbtagsurlaub in Blankenese im August und vielleicht eine winterliche Punschfahrt auf der Alster. Kleinen Marotten hanseatischer Art begegnet die Autorin mit liebevoller Ironie, und selbst der allwöchentliche Stau im Elbtunnel wird zum Gegenstand vergnüglicher Reflexion.

Ein Buch, das lockt und verführt – und mitten hineinführt ins Innenleben, an den Puls der »sehenswertesten Stadt«. Mal poetisch, mal bissig, aber immer mit der unheilbaren Liebe einer Hamburg-Süchtigen.

Foto: © Jakob Börner

ZU DER AUTORIN

Nina George, geboren 1973 in Bielefeld, schreibt Romane, Krimis, Science-Thriller, Kurzgeschichten, Kolumnen. Unter dem Pseudonym Anne West verfasste sie zwölf Sachbücher und Kurzgeschichtenbände. Für ihren Roman *Die Mondspielerin* wurde sie mit der DeLiA 2011, dem Literaturpreis für den besten deutschsprachigen Liebesroman, ausgezeichnet. Nina George ist verheiratet und lebt seit 1995 in Hamburg.

www.ninageorge.de